C.H.BECK WISSEN

Seit der Antike bilden die Routen, die heute unter dem Begriff Seidenstraße zusammengefasst werden, ein weitverzweigtes Verkehrsnetz, dessen Hauptstrang von Ostasien bis zum Mittelmeer reicht. Der Autor verfolgt dessen Spuren bis in die Gegenwart und rekonstruiert die Facetten eines Erbes, zu dem viele Völker und Kulturen beigetragen haben.

Thomas O. Höllmann ist Professor für Sinologie an der Universität München und Präsident der Bayerischen Akademie der Wissenschaften. Von ihm liegen zahlreiche Veröffentlichungen zur Geschichte, Ethnologie und Archäologie Asiens vor. Bei C.H.Beck sind lieferbar: «Das alte China. Eine Kulturgeschichte», «Schlafender Lotos, trunkenes Huhn. Kulturgeschichte der chinesischen Küche», «Windgeflüster. Chinesische Gedichte über die Vergänglichkeit» sowie «Die chinesische Schrift. Geschichte, Zeichen, Kalligraphie».

Thomas O. Höllmann

DIE SEIDENSTRASSE

Verlag C.H.Beck

Mit 17 Abbildungen und 1 Karte

1. Auflage 2004
2. Auflage 2007
3., aktualisierte und ergänzte Auflage. 2011

4., aktualisierte Auflage. 2018

Originalausgabe

Satz, Druck und Bindung: Druckerei C.H.Beck, Nördlingen
Umschlagentwurf: Uwe Göbel, München
Umschlagmotiv: In einem Grab in Changzhi
(Provinz Shanxi, China) deponierte Tonfigur aus der Tang-Zeit
Printed in Germany
ISBN 978 3 406 72019 2

www.chbeck.de

Inhalt

Vorwort

Im Jahre 414 n. Chr. kehrte der chinesische Mönch Faxian von einer langen Reise zurück, die ihn zu den heiligen Stätten des Buddhismus in Indien geführt hatte. Abgesehen von seinen spirituellen Erfahrungen hatte er dabei auch von allerlei Abenteuern zu berichten, darunter den Herausforderungen in der Taklamakan: «Man sieht weder einen Vogel in der Luft noch irgendein Tier auf der Erde. Wenn man angestrengt nach allen Richtungen Ausschau hält, um den Weg für die Durchquerung zu finden, sucht man vergeblich; die einzigen Wegzeiger sind die ausgedörrten Knochen der Toten.» Wer in Antike und Mittelalter auf der Seidenstraße reiste, hatte also nicht zuletzt über *eine* Fähigkeit zu verfügen, um ans Ziel zu gelangen: die richtige Einschätzung – gegebenenfalls aber auch Missachtung – von Risiken. Allzu leicht konnte man in den verschneiten Bergen, unwirtlichen Wüsten oder endlosen Meeren die Orientierung verlieren, und oft genug endete das Unterfangen tödlich.

Der Autor, der vom sicheren Schreibtisch aus über Sandstürme und Kälteeinbrüche räsoniert, geht freilich in mancher Hinsicht auch ein Wagnis ein. Denn das Vorhaben, auf wenig mehr als hundert Seiten die über zweitausendjährige Geschichte des einst umfassendsten Verkehrsnetzes der Erde zusammenzufassen, bedingt die rigorose Konzentration auf einige Grundzüge: mit der Folge, dass in anderen Bereichen massive Verkürzungen und Vereinfachungen erfolgen müssen. Viele Themenkomplexe können daher nur exemplarisch, andere gar nicht behandelt werden.

Es kommt hinzu, dass der Verfasser – anders als einst die Karawanenführer, die ihren Tross im Allgemeinen nur durch bekanntes Terrain geleiteten – auch Gebiete erschließen muss, mit denen er weniger vertraut ist als mit seinen Stammlanden. Und die liegen in diesem Fall in China. Daraus resultiert zum einen eine gewisse regionale Schwerpunktsetzung, zum anderen aber auch die Wahl einer Perspektive, die die Seidenstraße verstärkt von Osten aus wahrnimmt. Demnach wäre zwar eine stärkere Einbeziehung von Korea und Japan wünschenswert gewesen, doch wurde darauf ebenso verzichtet wie auf die ausführliche Behandlung jener Länder, die – von Asien her betrachtet – jenseits des Mittelmeers liegen.

Zum riesigen Routengeflecht, das unter dem Begriff Seidenstraße firmiert, zählen nicht nur die landgestützten Trassen, sondern auch die Seewege. Letztere wurden zur Wahrung der historischen Zusammenhänge nicht aus der Betrachtung ausgeblendet, aus praktischen Erwägungen heraus aber bis zu einem gewissen Grad nachgeordnet. Ohnehin konnte sich die Argumentation nicht immer mit der gebotenen Striktheit an den räumlichen Bindungen und der chronologischen Abfolge der Ereignisse orientieren; denn nur durch eine gewisse «Sprunghaftigkeit» konnte es – beim vorgegebenen Umfang des Buches – gelingen, den einen oder anderen Gedanken zumindest ansatzweise zu Ende zu führen.

Kompromisse mussten auch bei der Gestaltung des Textes eingegangen werden. Die Umschrift einheimischer Termini richtet sich im Allgemeinen nach dem Duden (also etwa *Hadsch* für die muslimische Pilgerfahrt) und gibt ansonsten der Lesbarkeit den Vorzug vor wissenschaftlicher Korrektheit (z. B. *Kocho* und nicht *Qočo*). Diakritika entfallen grundsätzlich, und für chinesische Begriffe gelten mit wenigen, am Duden orientierten Ausnahmen (insbesondere *Peking*) durchweg die Regelungen des Pinyin-Systems (wie im Falle von *Xinjiang*). Schließlich wurde auch bei der Übersetzung von Zitaten auf die Verständlichkeit der Formulierungen geachtet und gegebenenfalls eine Straffung oder Glättung vorgenommen. Der historische Rahmen soll durch eine synchronoptische Zeittafel am Ende des Bandes vermittelt werden.

Für die 4. Auflage wurden – neben kleineren Modifikationen – vor allem das Schlusskapitel und das Literaturverzeichnis aktualisiert.

1. Landschaften und Routen

Erscheinungsbild, Flora und Fauna der Regionen, die von der Seidenstraße durchzogen werden, sind ausgesprochen abwechslungsreich und vielgestaltig. Vor allem aber erschweren schroffe, eisbedeckte Berge und scheinbar endlose Wüsten das Fortkommen. Zonen, die von sengender Hitze und von klirrender Kälte geprägt sind, wechseln miteinander ab.

Natürliche Barrieren

Einige der Bergketten, an denen sich der Routenverlauf zu orientieren hatte, müssen einst nahezu unüberwindbar erschienen sein. Steil aufragende Wände, zerklüftete Hänge, riesige Geröllfelder und ewige Gletscher bilden zweifellos Barrieren, die dem Menschen noch heute Respekt einflößen. Immerhin erreichen nicht wenige unter den Gipfeln von Karakorum, Kunlun, Hindukusch, Tianshan und Pamir eine Höhe von mehr als 7000 m. Zum nordwestlich an den Himalaya anschließenden Karakorum zählt gar neben drei weiteren Achttausendern der K 2, das zweithöchste Massiv der Erde.

Zwar verlaufen die Routen im Allgemeinen deutlich unterhalb der Gipfelzonen, doch stellt die Überquerung der Gebirgszüge gleichwohl gewaltige Anforderungen an körperliche Kondition, Psyche und Planung; denn ehrfurchtgebietende Höhen erreichen auch die über weite Teile des Jahres eis- und schneebedeckten Pässe: darunter der Karakorum (5575 m, im gleichnamigen Gebirge), der Khunjerab (4733 m, ebendort) und der Torugart (3752 m, im Tianshan).

Ähnlich unwegsam wie die Bergregionen waren – und sind bis heute – jene Gebiete, in denen (klimatisch bedingte) Dürre und (nicht zuletzt durch menschliche Eingriffe verursachte) Desertifikation zu einer dramatischen Verknappung des Wasser-

	Lokalisierung	höchste Erhebung
Karakorum	Pakistan Indien China	K 2 (8611 m)
Kunlun	China	Kongur (7719 m)
Hindukusch	Pakistan Afghanistan	Tirich Mir (7690 m)
Pamir	Tadschikistan Kirgistan	Pik Samani (7495 m)
Tianshan	China Kirgistan	Pik Pobeda (7439 m)
Kaukasus	Russland Georgien Armenien Aserbaidschan	Elbrus (5642 m)
Zagros	Iran Zardeh	Kuh (4548 m)
Altai	Russland Kasachstan Mongolei China	Belucha (4506 m)

Tab. 1: Hochgebirge im Bereich der Seidenstraße (Auswahl).

haushalts und einer dauerhaften Schädigung der Vegetationsdecke führen. Viele Plateaus, Becken und Senken weisen einen ariden oder semiariden Charakter auf und sind Bestandteile eines Trockengürtels, der von Nordafrika bis nach Ostasien reicht; hierzu zählt mit der Gobi auch die zweitgrößte Wüste der Erde.

Die Taklamakan bildet das Zentrum des im Norden, Westen und Süden von Hochgebirgen eingerahmten Tarim-Beckens und ist die zweitgrößte Sandwüste der Erde. Etwa 85 % der Gesamtfläche besteht aus Wanderdünen, die eine Höhe von mehr als 200 Metern erreichen können und die Weite der Landschaft plastisch gliedern. Die jährliche Niederschlagsmenge liegt teilweise unter 50 mm und reicht ohne anderweitige Wasserzufuhr nicht aus, um eine landwirtschaftliche Nutzung zu ermöglichen. Die zahlreichen Flüsse, die sich aus dem Schmelzwasser der um-

	Lokalisierung	Typ (primär)	Fläche (ca.)
Gobi	China Mongolei	Steinwüste Salzwüste Steppe	2 000 000 qkm
Taklamakan	China	Sandwüste	340 000 qkm
Karakum	Turkmenistan	Sandwüste	330 000 qkm
Kizilkum	Kasachstan Usbekistan Turkmenistan	Sandwüste	300 000 qkm
Syrische Wüste	Syrien Irak Jordanien Saudi-Arabien	Steppe Steinwüste	260 000 qkm
Kavir und Lut	Iran	Salzwüste Sandwüste Steinwüste	235 000 qkm (zusammen)

Tab. 2: Trockengebiete im Bereich der Seidenstraße (Auswahl).

liegenden Bergregionen speisen, versiegen meist relativ rasch, nachdem sie die Ebene erreicht haben. Die Verdunstungs- und Versickerungsraten sind einfach zu hoch bei Temperaturen, die im Sommer oftmals über 60 Grad liegen. Vor allem in der Zeit von Mai bis August treten auch die gefürchteten Sand- und Staubstürme auf, die, bevorzugt am Nachmittag, eine Geschwindigkeit von mehr als 20 m/s erreichen können und das Leben von Mensch und Tier bedrohen.

Der Sand, den der Wind in der Taklamakan über weite Entfernungen transportiert, ist je nach Region gelb, grau oder bräunlich. In der Karakum und in der Kizilkum weist er hingegen auch eine schwarze bzw. rote Färbung auf, ein Umstand, auf den die Namensgebung der beiden Wüsten (türk. *kara* «schwarz»; *kizil* «rot»; *kum* «Sand») zurückzuführen ist. Die Karakum liegt übrigens bis zu 81 m unter dem Meeresspiegel; ihren tiefsten Punkt erreicht die Seidenstraße allerdings in der Turfansenke, die (mit 154 m u. M.) die zweittiefste Depression der Erde bildet.

Abb. 1: Wegmarkierung aus Tierknochen in der Gobi (Aufnahme aus dem Jahr 1934).

Sind die Sommer in den Trockengebieten im Allgemeinen von sengender Hitze geprägt, so zeichnen sich die Winter durch strengen Frost aus. In der Gobi reichen die Temperaturen bis 35 Grad, in der Karakum gar bis 40 Grad unter dem Gefrierpunkt. Die Unbilden, welche die häufig bereits im September einsetzenden Kältewellen mit sich bringen können, schildert das im 8. Jahrhundert von Cen Can verfasste «Lied vom Schnee». Sehr anschaulich sind darin die (im Folgenden auszugsweise wiedergegebenen) Eindrücke geschildert, die der chinesische Beamte während seiner Tätigkeit in den Garnisonsstädten am Nordrand des Tarim-Beckens sammelte:

Wenn der Nordwind den Boden durchfurcht,
ducken sich die Steppengräser.
Sobald der Herbst anbricht,
treibt Schnee durch das Barbarenland.

Die Wärme, die der Fuchspelz spendet, reicht nicht mehr,
und reichlich dünn ist nun die Decke aus Brokat.
Tief in den Grund gefriert die Wüste,
die Wolken formen mächtige Barrieren.

Dicht wirbeln Flocken durch die Dämmerung,
Schnee weht an die Tore.
Dem Zerren des Sturms widerstehen
die roten Banner – steifgefroren.

Neben Schneeverwehungen, Lawinen, Sandstürmen und Muren stellen auch Erdbeben eine massive Bedrohung für Leib und Leben dar. Über weite Strecken verläuft die Seidenstraße nämlich in jenen Teilen Asiens, in denen die durch Bewegungen an den Plattengrenzen regelmäßig ausgelösten Erschütterungen besonders folgenreich sind. So erreichten in den 20er Jahren des 20. Jahrhunderts zwei Erdbeben in Chinas Nordwestprovinzen Qinghai und Gansu eine Stärke von 8,3 bzw. 8,6 auf der Richterskala und forderten insgesamt mehr als 400 000 Tote. Jeweils in die Zehntausende ging im Lauf der Geschichte die Zahl der Opfer bei entsprechenden Katastrophen in Turkmenistan, Iran (zuletzt 2003 mit dem Epizentrum in der alten Handelsstadt Bam), Syrien und der Türkei.

Transportkapazitäten

Großzügig angelegte Straßen gehörten im kaiserzeitlichen China – und ansatzweise schon zuvor – zu den bestimmenden Faktoren der Stadt. Allerdings endeten die Boulevards meist wenige Kilometer außerhalb und nahmen relativ rasch den Charakter holpriger Wege an. Entsprechend mühsam war das Fortkommen auf Karren und Wagen. Terrain und Logistik ließen indes im Nordwesten des Reichs auch nicht die Errichtung durchgehender, für eine Benutzung durch schwere Fuhrwerke geeigneter Straßen zu. Das bedeutet nicht, dass man große Bauvorhaben grundsätzlich scheute. Gerade in den Gebirgen gab es unter beträchtlichem Aufwand errichtete Wege, von denen manche Abschnitte gar als Galerien in den Fels gehauen oder mit Hilfe von Stelzenkonstruktionen und Ketten fixiert waren. Dadurch ergaben sich jedoch zahllose Engstellen, die für größere Wagen und Gespanne unpassierbar waren.

In anderen Gebieten, insbesondere in Steppe und Wüste, wurde hingegen oftmals auf jegliche Befestigung verzichtet, und die Streckenführung war nur für kundige Führer erkennbar. Weniger erfahrene Reisende konnten sich dann – um eine Formulierung des zu Beginn des 5. Jahrhunderts die Taklamakan durchquerenden Mönchs Faxian zu übernehmen – bestenfalls noch «an den eingetrockneten Gebeinen der Toten als Wegmarkierung» orientieren. Geschotterte Straßen, die nicht nur von lokaler Bedeutung waren, lassen sich wohl erst wieder für jene Regionen zwischen Kaspischem Meer, Persischem Golf und Mittelmeer ausmachen, die einst in das vorbildliche Verkehrsnetz des römischen Imperiums einbezogen waren.

Bis weit in das 20. Jahrhundert hinein war das Kamel das dominierende Lasttier der Seidenstraße. Im Westen verwendete man das einhöckrige Dromedar, im Osten hingegen das zweihöckrige Trampeltier. Nur Letzteres kommt nämlich mit den extrem niedrigen Temperaturen zurecht, die über viele Monate hinweg die Bergregionen jenseits des Syrdarya heimsuchen. Gleichzeitig ist es aber auch hervorragend für den Einsatz in der Wüste geeignet; denn Schwielensohlen mit Polstern zwischen den Zehen verhindern ein Einsinken in den Dünen, während lange Augenbrauen und verschließbare Nüstern vor den Unbilden der Sandstürme schützen.

Im Hinblick auf die Ernährung ist das wuchtige Tier genügsam. Im Allgemeinen reichen harte Gräser und Zweige, und die Höcker sind hervorragende Energiespeicher. Vor allem aufgrund seiner Fähigkeit, die Körpertemperatur den Außenbedingungen anzupassen, verbraucht es vergleichsweise wenig Wasser, kann aber nach längerer Enthaltsamkeit innerhalb weniger Minuten mehr als 100 Liter trinken, um den Verlust wieder auszugleichen. Bei einer Last von etwa 250 kg und einer täglichen Wegstrecke von rund 30 km kommt das Trampeltier selbst während der Hitzeperioden bis zu zwei Wochen ohne Tränken aus.

Abb. 2: Holzsteig in einer Felswand (Umzeichnung nach einer Wandmalerei in Dunhuang).

Im Verhältnis zum Körpergewicht können Esel sogar noch größere Mengen Wasser in noch kürzerer Zeit trinken, um den Flüssigkeitsverlust wieder auszugleichen. Neben der Wüstentauglichkeit entsprechen auch Kälteunempfindlichkeit und zurückgelegte Tagesdistanz annähernd der des Trampeltiers. Immerhin bei etwa der Hälfte ist schließlich die Traglast anzusetzen, die bei längeren Strecken aufgeladen wird. Daher darf man die Bedeutung, die der Esel für die Güterbeförderung auf der Seidenstraße hatte, keineswegs unterschätzen.

Wegen ihrer ausgeprägteren Trittsicherheit, Duldsamkeit und Furchtlosigkeit sind für höhere Gebirgslagen die ebenfalls sehr genügsamen Maulesel (die Kreuzung aus Pferdehengst und Eselstute) und Maultiere (die Kreuzung aus Eselhengst und Pferdestute) vorzüglich geeignet. Auch die Verwendung von Yaks erweist sich in diesen Zonen manchmal als zweckmäßig. Pferde können in Regionen, in denen klimatische Bedingungen und natürliche Barrieren das Fortkommen erschweren, nur begrenzt eingesetzt werden. Ausdauer und Bedürfnislosigkeit sind nämlich im Fernhandel – anders als etwa beim Kurierdienst – meist wichtiger als die kurzfristig größere Schnelligkeit. Für Elefanten, die zuweilen auf antiken Wandmalereien als Lasttiere dargestellt sind, gelten noch weit größere Einschränkungen, und die regelmäßige Nutzung beim Gütertransport ist in den meisten Gebieten unwahrscheinlich.

Obschon manche Quellen einen anderen Eindruck vermitteln, sollte nicht übersehen werden, dass die Mehrzahl der Karawanentiere über weite Strecken geführt und nicht geritten wurde. Und man darf einen weiteren Faktor nicht vernachlässigen! Auch der Mensch kann beträchtliche Lasten bewältigen, und zumindest in China war er bis in das 20. Jahrhundert hinein das meistgenutzte Transportmittel. Besonders bewährt er sich natürlich auf engen Pfaden und steilen Anstiegen, wo die Vorteile von Tragestangen, -gestellen und -körben voll zur Geltung kommen. Bis zu einem gewissen Grad erweisen sich darüber hinaus sogar «Holzochsen» (*muniu*) als bergtauglich: Schubkarren, bei denen die Auflagefläche über und neben dem Rad angebracht ist. Die lebendigen Namensgeber dieses Gefährts haben in unwegsamem Gelände indes keine Chance; denn nur auf angemessen breiten und befestigten Wegen kann der Vorteil großer Zugkraft, der das Ochsengespann auszeichnet, umgesetzt werden.

Im Verlauf des 20. Jahrhunderts trat in den meisten Gebieten allmählich das Auto an die Stelle von Last- und Zugtieren. Zumindest in Europa stark beachtet wurde in diesem Zusammenhang die weitgehend am Verlauf der Seidenstraße orientierte *Croisière Jaune* («gelbe Kreuzfahrt»), die 1931 in Beirut startete und im darauffolgenden Jahr Peking erreichte. Schon 1908, also lange bevor die Geländewagen von Citroën sich öffentlichkeitswirksam durch die Wüsten kämpften, hatte freilich bereits der deutsche Geograph Martin Hartmann gefordert, «die Einführung automobiler Trakteurs in Aussicht zu nehmen», um die Erschließung «Chinesisch-Turkestans» voranzutreiben.

Versorgung in der Fremde

Die kulturellen und politischen Zentren Ost-, Zentral- und Westasiens lagen häufig an oder in der Nähe von Flussläufen. Drei markante Beispiele sollen an dieser Stelle als Belege ausreichen: (1) Wei und Huanghe mit den Metropolen Chang'an und Luoyang, die lange Zeit im Wechsel Sitz des chinesischen Kaiserhofs waren; (2) Amudarya und Syrdarya (antike Benennung Oxus und Iaxartes), die einstigen Begrenzungen Sogdiens; (3) Euphrat und Tigris, die Namensgeber des Zweistromlands, welches seit dem 8. Jahrhundert von Bagdad dominiert wurde.

Zu dem dichten Netz aus Flüssen, Seen und Kanälen, das im Süden Chinas für den Transport schwerer Lasten zur Verfügung stand, gab es im Bereich der Seidenstraße indes keine Entsprechung. Die Hauptroute folgte den großen Strömen eher selten, und nur relativ kurze Abschnitte verliefen entlang der Ufer von Wei, Syrdarya und Euphrat. Weit wichtiger war – neben dem Industal, das der Abzweiger nach Südasien nutzte – die Orientierung an dem die Taklamakan einst nördlich und östlich umschließenden Tarim: dem heute mit einer Länge von 2179 km zweitlängsten Binnenfluss der Erde. Zwar kann er sich durchaus reißend und wild gebärden, wenn im Frühjahr die Eis- und Schneemassen des Tianshan abschmelzen, doch vermittelt er ansonsten meist einen vergleichsweise trägen Eindruck.

Zur kontinuierlichen Bewässerung größerer Oasen reicht er schon aufgrund der hohen Temperaturen im Sommer nicht aus. Für eine berechenbare Versorgung bedient man sich daher eines Systems, welches sich seit der Antike in weiten Teilen West- und Zentralasiens bewährt hat und auch in den Oasen des chinesischen Tarimbeckens unter zwei Bezeichnungen bekannt ist, die auf das Persische (*kariz*) und Arabische (*qanat*) zurückgehen. Es besteht aus unterirdisch angelegten Kanälen, welche das Wasser unter Ausnutzung des Gefälles vom Fuß der Berge zu den Anbauflächen transportieren, ohne dass der Verlust durch Verdunstung und Versickerung zu hoch wird.

Welche gravierenden Folgen die ungeplante und ungezügelte Wasserentnahme nach sich ziehen kann, zeigt besonders nachhaltig die Situation der abflusslosen Seen der Kaspisch-Turanischen Niederung, in der die Staatsgebiete Russlands, Aserbaidschans, Irans, Turkmenistans, Kasachstans und Usbekistans aufeinanderstoßen. Neben dem Kaspischen Meer ist dort vor allem der Aralsee von einem sinkenden Pegelstand – und damit einhergehend von Schrumpfung und Versalzung – betroffen: nicht nur für die Fischer, sondern für die gesamte Bevölkerung des Umlands eine ökologische Katastrophe.

Die regelmäßige Versorgung mit Trinkwasser und Nahrungsmitteln muss sicherlich als eines der wichtigsten Bedürfnisse der Reisenden angesehen werden. In den Trockengebieten war folglich ein nicht zu großer Abstand zwischen den Oasen wesentliche Voraussetzung für das Überleben. Aber auch sonst plante man gerne Aufenthalte an Orten ein, die eine ausreichende Ver-

Abb. 3: Landwirtschaftliche Tätigkeit in einer Oase am Rande der Taklamakan (Umzeichnung nach einer Wandmalerei in Dunhuang).

pflegung von Mensch und Tier – sowie eine halbwegs bequeme Übernachtungsmöglichkeit – erwarten ließen. Dies war auch von der Logistik her eine große Herausforderung, vor allem dann, wenn der Tross mehrere Hundert Menschen und ein Vielfaches an Lasttieren umfasste.

In den vom Islam geprägten Gebieten garantierten ein ordentliches Quartier in erster Linie die Karawansereien: durch feste Mauern und schwere Tore gesicherte Herbergen, bei denen sich die einzelnen Häuser in der Regel um einen Hof gruppierten, in dessen Zentrum der Brunnen stand. Die oftmals mehrstöckigen Komplexe verfügten neben den Schlafkammern meist auch über großzügige Gaststuben sowie großflächige Lager- und Verkaufshallen. Geradezu monumental geriet zuweilen die Architektur des Gebäudes, in dem die Stallungen untergebracht waren, wohingegen die Ausstattung der Moschee, soweit sie überhaupt in das Ensemble einbezogen war, eher bescheiden blieb.

In den Karawansereien ergab sich nicht nur die Möglichkeit zur Rast und zum Auffüllen des Proviants, sondern auch die Gelegenheit zur Rekrutierung von Führern und Dolmetschern, zum Auswechseln der Last- und Reittiere, zur Reparatur von Zaumzeug und Gerätschaften sowie zum Abschluss verschiedenster Transaktionen, bei denen die mitgebrachten Güter an Geschäftspartner weitergegeben oder veräußert wurden; nicht zuletzt boten sie ein Forum für den Austausch von Erfahrungen und Neuigkeiten.

Ähnliches gilt für die Gasthäuser, die jene Straßen säumten, die das Reich der Mitte durchzogen. Nur die Kontrolle durch die Obrigkeit scheint hier etwas strenger gewesen zu sein. Zwar waren sie mit entsprechender Genehmigung auch für andere Reisende zugänglich, doch dienten sie primär dazu, Beamten Unterkunft und Verköstigung zu gewähren, die sich auf einer Dienstreise befanden; vielfach verfügten sie daher sogar über Zellen, um gegebenenfalls im Tross mitgeführte Sträflinge unterzubringen. In unmittelbarer Nachbarschaft der offiziellen, gleichzeitig für Kurierdienste genutzten Quartiere entstanden häufig privat geführte Herbergen, die freilich meist nur geringen Komfort boten, und kleine Märkte, auf denen unterwegs benötigte Waren feilgeboten wurden. Unter Kaufleuten war es ansonsten durchaus üblich, bei Geschäftspartnern zu logieren, und nicht nur Pilger konnten in Hospizen oder Klöstern unterkommen, die auf der Wegstrecke lagen.

Auch in Zeiten, in denen China von größerer Weltoffenheit geprägt war, wurden Reisende aus fernen Ländern stets mit einem gewissen Misstrauen beäugt. Daher wies ihnen die zuständige Verwaltung in Chang'an und Luoyang, jenen Städten, die zwischen den Dynastien Han und Tang abwechselnd als Kapitale und Ausgangspunkt der Seidenstraße fungierten, Unterkünfte zu, die entweder auf ein bestimmtes Viertel begrenzt waren oder in einem umschlossenen Areal jenseits der Tore lagen.

Und auch eine geradezu stürmische Begeisterung für exotische Güter und Bräuche verhinderte nicht, dass die Lebensbedingungen der Fremden durch allerlei Restriktionen – von der Kleidungsvorschrift bis zum Heiratsverbot – erschwert wurden.

Die Hauptrouten

Unabhängig von zeitabhängigen politischen Territorialansprüchen, militärischen Machtkonzentrationen und kulturellen Untergliederungen lässt sich der wichtigste Strang der Seidenstraße in mehrere aufeinanderfolgende, mit Hilfe geographischer Kriterien definierte Sektoren untergliedern. Von Ost nach West sind dies: (a) das Tal des Wei; (b) der Hexi-Korridor; (c) Gobi und Taklamakan; (d) die im Pamirknoten zusammenlaufenden Gebirgszüge; (e) die Turanische Niederung; (f) das iranische Hochland; (g) das Zweistromland; (h) die Syrische Wüste mit Zugängen zum Mittelmeer.

(a) Ausgangspunkt dieser Route ist die alte Kaiserstadt Chang'an (heute Xi'an), von wo aus der Weg dem Wei (mit den Orten Baoji und Tianshui) flussaufwärts nach Westen folgt. Nach Verlassen des Tals, welches zuvor einen Knick nach Norden vollzogen hat, sind noch einige Gebirgsausläufer zu überwinden, bevor die am Huanghe gelegene Stadt Lanzhou erreicht wird.

(b) Nunmehr geben der östliche Fuß des Nanshan und die westliche Begrenzung des Alashan-Plateaus die Orientierung vor. Dazwischen ermöglicht der fruchtbare Hexi-Korridor (mit den Orten Wuwei, Zhangye und Jiayuguan) die Passage nach Nordwesten, vielfach begleitet von der Großen Chinesischen Mauer.

(c) Nach Erreichen der Gobi gabelt sich der Weg bei Anxi in eine südliche und eine nördliche Route: Erstere folgt meist – parallel zum Kunlun – dem Südrand der Taklamakan (über Dunhuang, Khotan und Yarkand); Letztere verläuft hingegen – nach Passieren der Gobi – zwischen dem Tianshan und dem Nordsaum der Taklamakan (über Hami, Turfan, Kucha und Aksu). In Kashgar vereinen sich die beiden Wüstenumgehungen dann wieder.

(d) Die Überwindung des stark vergletscherten Pamir und der westlichen Randzonen des Tianshan ist – sollen die Verluste an Mensch und Tier gering gehalten werden – nur in den Sommermonaten zu empfehlen. Ziel ist das heute zum größeren Teil zu Kirgistan gehörige Fergana-Becken, in dem die von Eis und Schnee der Berge gespeisten Flüsse dafür sorgen, dass trotz geringer Niederschlagsmengen günstige Lebensbedingungen herrschen.

(e) Nunmehr orientiert sich die Route zunächst am Oberlauf des Syrdarya, hält sich in der Folge aber strikt westwärts, bis sie in der Turanischen Niederung auf die usbekischen Städte Samarkand und Buchara stößt. Nach der Überquerung des Amudarya erreicht sie das turkmenische Merw (Mary) am Südrand der Karakum-Wüste.

(f) Auf dem iranischen Hochland verläuft die Seidenstraße zunächst in einem Saum zwischen den nördlichen Randgebirgen und dem Wüstengürtel, dessen größtes Becken die Kavir darstellt. Die einzelnen Stationen liegen an einer Kette von Oasen, deren Wasserversorgung durch Bergflüsse und unterirdische Stollen (*kariz*, *qanat*) gewährleistet ist. Westlich von Hamadan gilt es schließlich die Höhenzüge des Zagros zu überwinden.

(g) Euphrat und Tigris speisen die an den westlichen Fuß des Zagros anschließende fruchtbare Ebene des Irak, deren politisches Zentrum Bagdad bildet. Dem Tal des erstgenannten Flusses folgt die Route schließlich bei der Durchquerung des westlich von den Bewässerungsfluren gelegenen trockenen Tafellandes.

(h) Der Übergang zur Syrischen Wüste erfolgt fast unmerklich. Von dort aus führen verschiedene Wege (unter römischer Herrschaft mit Palmyra als Knotenpunkt) nach Damaskus und Aleppo. Bis zum Erreichen des Mittelmeers bei Antiochia (dem heutigen Antakya im äußersten Süden der Türkei) oder Tyros (Libanon) müssen noch parallel zur Küste verlaufende Gebirgszüge passiert werden.

Natürlich bilden die Gestade des Mittelmeers nicht das abrupte Ende der hier skizzierten Ost-West-Verbindung. Vielmehr lässt sich die Verkehrsachse auf dem Seeweg mit den meisten Bereichen der mediterranen Welt verknüpfen: mit den Hafenstädten Nordafrikas, welche zumindest indirekt in Kontakt mit den Handelszentren südlich der Sahara stehen, ebenso wie mit den verschiedenen Ländern Südeuropas, die ihrerseits Beziehungen zu den Regionen nördlich der Alpen pflegen. In östlicher Richtung lässt sich wiederum auf ähnliche Weise eine Fortsetzung der Seidenstraße nach Korea und Japan konstatieren.

Daneben zweigen von der Hauptroute regelmäßig Wege ab, die weitab im Norden oder Süden gelegene Gebiete erschließen. So führten, um nur einige Beispiele zu nennen, zumindest zeitweilig Landverbindungen

- vom Tal des Wei über die chinesischen Südwestprovinzen Sichuan und Yunnan nach Myanmar und zum Golf von Bengalen;
- vom südlichen Ende des Hexi-Korridors westwärts nach Qinghai und von dort aus weiter zum Tibetischen Hochland;
- vom Tarim-Becken über die Pässe von Pamir und Karakorum und die Täler von Hunza und Indus nach Pakistan (mit Zugang zum Arabischen Meer), Afghanistan und Indien;
- von Turan aus (a) unter nördlicher Umgehung des Kaspischen Meers bis zum Schwarzen Meer; (b) parallel zum Nordrand des Tianshan bis in die Wüsten und Steppen der Mongolei;
- vom iranischen Hochland aus (a) nach Nordwesten in die zu Aserbaidschan, Armenien und Georgien gehörige Region zwischen dem Kaspischen und dem Schwarzen Meer; (b) nach Süden zu den Hafenstädten am Persischen Golf.

Darüber hinaus können aber auch viele Handelsrouten, bei denen sich eine Benennung nach anderen Luxusgütern eingebürgert hat, mit dem riesigen Verkehrsnetz verknüpft werden, für welches die Literatur den Begriff Seidenstraße verwendet: darunter die Pelzstraße, die aus Sibirien nach Süden führt, die Weihrauchstraße, die in Südarabien ihren Ausgang nimmt, und die Bernsteinstraße, die an der Ostsee beginnt.

Der Seeweg

Seit der Antike stellt der Transport über das Meer nicht nur in jenen Zeiten, in denen die Landverbindungen blockiert waren, eine echte Alternative dar. Ähnlich der Kette, die die einzelnen Karawanen bildeten, wurden hierbei von den einzelnen Schiffen oder Flotten meist nur einzelne Abschnitte des riesigen Routennetzes bewältigt, mit dessen Hilfe man die Weiten des Indischen Ozeans überwand. Dies bedingte im Allgemeinen viele Zwischenstationen mit einem stetigen Umladen von Fracht und Passagieren. In den angelaufenen Häfen übernahmen dann regelmäßig neue, mit den Gewässern der Region entsprechend vertraute Seeleute die Verantwortung für das Weiterkommen.

Die ersten, die nachweislich den gesamten Indischen Ozean querten, waren Perser und Araber. Mehrheitlich waren es zunächst wohl Händler, die den Gefahren trotzten, welche eine Fahrt über das Meer mit sich brachte: nicht nur mörderischen Stürmen, bedrohlichen Strömungen und tückischen Untiefen, sondern auch hinterhältigen Überfällen und tödlichen Epidemien. Aber die im Vergleich zum Transport mit Last- und Zugtieren enorme Ladekapazität versprach natürlich auch einen ungleich höheren Profit. Die von ihnen eingesetzten, heute meist unter der Suaheli-Benennung *dhau* zusammengefassten Schiffe trugen bis zu drei Masten mit trapezförmig oder dreieckig geschnittenen Segeln; Kiel, Vorder- und Achtersteven bestanden jeweils aus einem Balken, die in Kraweeltechnik gefertigte Bootshaut aus Planken, deren Längsseiten ohne Überlappung direkt aneinanderstießen.

Der Rhythmus der Reisen wurde im Wesentlichen durch die Windverhältnisse bestimmt: Im Sommer fuhr man mit dem Südwestmonsun im Rücken nach Norden und Osten; in den Wintermonaten hingegen segelte man, begünstigt durch den Nordostmonsun, nach Süden und Westen. Für die richtige Orientierung sorgte neben der Beobachtung des Sternenhimmels vor allem das gründliche Studium der Routenbücher, die neben astronomischen Tabellen auch Angaben über lokale Windverhältnisse, Strömungen und Wassertiefen enthielten.

Vermutlich nicht nur die widrigen Reisebedingungen bewogen wohl arabische und persische Kaufleute dazu, sich auch für längere Zeit im Gastland niederzulassen. Den Höhepunkt erreichte ihre Präsenz im Reich der Mitte während des 8. und 9. Jahrhunderts, als in einigen Hafenstädten, namentlich in Kanton, regelrechte «Kolonien» entstanden, in denen dort ansässige Muslime ihre Geschäfte abwickelten. Umgekehrt setzten sich aber auch chinesische Händler in der Fremde – vor allem an den wichtigsten Umschlagplätzen Südostasiens – fest: teilweise mit großem kommerziellen Erfolg, vor allem dann, wenn es ihnen gelang, weitgestreute Niederlassungen zu einem auf verwandtschaftlicher Beziehung und persönlicher Loyalität basierenden Netzwerk zu verweben.

Zu größeren staatlichen Aktivitäten kam es jedoch erst zu Beginn des 15. Jahrhunderts, als riesige Flottenverbände aus dem Reich der Mitte mehrfach bis an die Küsten Westasiens und Ostafrikas gelangten. Die Ursachen für das schlagartig zunehmende, aber nach wenigen Jahrzehnten ebenso rasch wieder zurückgehende Engagement sind bis heute nicht ganz geklärt. Feststehen dürfte freilich, dass die Aussendung der Expeditionen nicht zuletzt als diplomatische Offensive gedacht war, mit deren Hilfe die Legitimation des unrechtmäßig auf den Thron gelang-

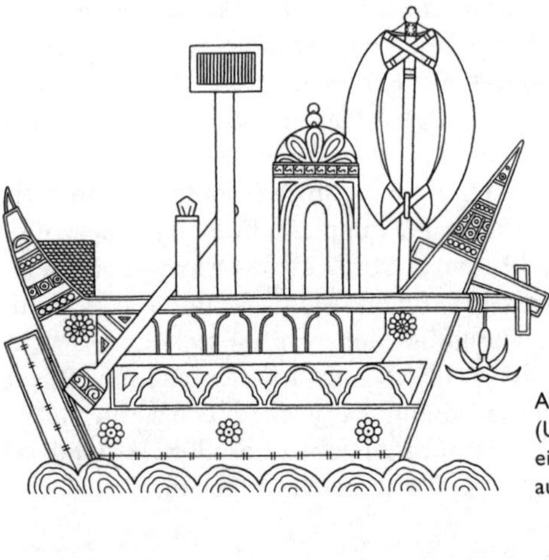

Abb. 4: Arabisches Schiff (Umzeichnung nach einer irakischen Miniatur aus dem 13. Jahrhundert).

ten Kaisers gestärkt werden sollte. Interesse am Handel schloss dies jedoch keineswegs aus, konnten doch aus fernen Landen mitgebrachte Luxusgüter vom Hof als Tribut – und damit als Bestätigung des himmlischen Mandats – deklariert werden.

Für die Planung der ersten Etappen ergab sich schon aus der Monsunabfolge ein relativ starrer Ablauf, der für den Aufbruch die Zeit um den Jahreswechsel festlegte. Von Nanking aus folgte die Flotte jeweils dem Yangzi flussabwärts zur ostchinesischen Küste, an der sie mehrfach anlegte, bevor sie auf das offene Meer gelangte. Die erste ausländische Anlaufstelle lag normalerweise im zentralvietnamesischen Champareich. Danach wurde – möglicherweise unterbrochen durch einen Abstecher nach Siam (Thailand) – Surabaja auf Java angesteuert, wo das Warten auf den Monsun häufig einen längeren Aufenthalt erzwang. Schließlich reiste man weiter nach Palembang auf Sumatra und nach Malakka auf der Malaiischen Halbinsel. Von dort aus konnte man entweder direkt nach Ceylon (Sri Lanka) fahren oder einen Umweg über die Nikobaren und Andamanen sowie Bengalen machen. Schlusspunkte der ersten vier Expeditionen waren die Handelsmetropolen Kotschin und Kalikut an der Südwestküste Indiens.

Beschränkten sich diese Unternehmungen noch auf die am chinesischen Hof bekannte Welt, so stießen die drei folgenden Reisen auch in weitgehendes Neuland vor. Durch das Arabische Meer segelte man nämlich weiter nach Hormuz am Zugang zum Persischen Golf, tastete sich entlang der Ostküste der Arabischen Halbinsel bis nach Aden vor, drang in das Rote Meer ein und suchte Dschidda auf; die Muslime begaben sich zudem in das landeinwärts gelegene Mekka. Schließlich umfuhr man die Somali-Halbinsel und segelte südwärts bis nach Malindi im heutigen Kenia. Die Rückkehr verlief auf derselben Route unter umgekehrter Nutzung der Windverhältnisse.

Für die Orientierung konnte in bekannten Regionen umfangreiches Kartenmaterial eingesetzt werden. Ansonsten erfolgte die Positionsbestimmung in erster Linie mit Hilfe der Sterne und – vor allem bei schlechter Nachtsicht – durch den Magnetkompass, der von den Chinesen entwickelt und seit dem 12. Jahrhundert auf See verwendet wurde. Dennoch musste natürlich auch immer wieder auf einheimische Lotsen zurückgegriffen werden, wenn schwierige natürliche Gegebenheiten oder eine unzureichende Kenntnis der Region dies erforderten.

Den Quellen zufolge wurden für die erste Expedition im Jahre 1405 mehr als dreihundert Schiffe ausgerüstet: darunter alleine 62 für den Gütertransport bestimmte Neunmaster mit einer Länge von annähernd einhundert Metern und einer Besatzung von jeweils 500 Mann. Welch eine Flotte, verglichen mit der kleinen Gruppe von Karavellen, auf denen die Portugiesen 1517 erstmals an der Südküste Chinas auftauchten. Allerdings war die maritime Dominanz des Reichs der Mitte damals nur noch Legende, während die europäische Expansion in Ostasien erst Jahrhunderte später ins Stocken geraten sollte.

Es gelang den Fremden indes auch nach der Gründung der großen Handelskompanien nie, eine vollständige Kontrolle über die Warenströme Asiens auszuüben. Und so verblieb ein nicht unbeträchtlicher Teil des Transportgeschäfts in den Händen von einheimischen Kaufleuten, deren Aktionsradius weit über die Herkunftsregion – etwa die indonesische Inselwelt, die Küstenzonen Südindiens oder die Arabische Halbinsel – hinausreichte. Manche Gruppen wurden freilich in die Illegalität gedrängt. Meist war Piraterie zwar nur ein Schlagwort, mit dem die jeweilige Konkurrenz desavouiert werden sollte, doch waren Plünderung und Menschenraub zuweilen nicht nur eine plumpe Unterstellung, sondern auch eine für ihre ostentative Brutalität bekannte Profession: ein Gewerbe im Übrigen, das sich heute in einigen Bereichen des Indischen Ozeans wieder eines enormen Potentials und entsprechender Zuwachsraten erfreut.

2. Fromme Mönche und fremde Teufel

Die Entstehung der Seidenstraße lässt sich bestenfalls ansatzweise datieren. Sicher ist jedenfalls, dass ihre Existenz nicht auf einen zeitlich oder räumlich fixierbaren Planungsakt zurückzuführen ist, sondern auf die allmähliche Verknüpfung bereits vorhandener Verkehrswege. Die einzelnen Streckenabschnitte lassen sich daher auch unterschiedlich weit in der Geschichte zurückverfolgen; ihre Anfänge können häufig nur noch mit Hilfe archäologischer Daten rekonstruiert werden.

Allerdings lassen sich langwierige Prozesse und komplexe Zusammenhänge in der Historiographie oft schwer vermitteln, weswegen sie von der Überlieferung gerne auf Pioniertaten einzelner Personen reduziert werden. Als «Urvater» der Seidenstraße gilt in China Zhang Qian: ein kaiserlicher Gesandter, der zweimal (138 und 115 v. Chr.) mit seinem Tross gen Westen aufbrach, um Partner für eine militärische Allianz zu suchen, und dabei bis in das Fergana-Tal und an den Oberlauf des Amudarya gelangte. Zwar kam es nicht zum erwünschten Pakt, doch sollten die von ihm gesammelten Informationen immerhin bewirken, dass die am Rande der Taklamakan und jenseits des Pamir gelegenen Regionen stärker ins Blickfeld des Hofes rückten.

Vielleicht war Zhang Qian wirklich der erste Chinese, der Baktrien erreichte, ein Gebiet, das heute dem Grenzbereich von Usbekistan, Tadschikistan und Afghanistan zuzuordnen ist. Sicher ist das jedoch keineswegs; denn vermutlich war er nur der erste offizielle Repräsentant seines Staates, dem dies gelang. Vor allem deshalb fand sein Bericht Eingang in die höfische Geschichtsschreibung, die ihrerseits wiederum den Ausgangspunkt für eine lange, immer wieder mit Hilfe von Phantasie und Fabulierkunst angereicherte Überlieferungskette darstellt.

Auch in späteren Epochen war wohl der Mehrzahl der Reisenden nicht unbedingt daran gelegen, ihre Eindrücke an andere weiterzugeben oder gar der Nachwelt zu übermitteln. Die im Folgenden unter vier Gruppen zusammengefassten Personen sind also eher die Ausnahme; denn ihre Bedeutung ist nicht zuletzt das Resultat der von ihnen hinterlassenen Schriftzeugnisse. Sie spiegeln weder das volle Spektrum an möglichen Motiven für die Hinwendung zu fernen Landen wider, noch decken sie das gesamte Kontinuum der Geschichte ab.

Buddhistische Pilger

Zwar hatte der Buddhismus, der vermutlich während des 1. Jahrhunderts n. Chr. nach China gelangt war, in der Folgezeit vor allem in den Städten des Reichs stetig an Einfluss gewonnen, doch war er noch weit davon entfernt, ein geschlossenes Weltbild zu vermitteln. Zu inkohärent waren die Glaubensinhalte, die die verschiedenen Schulen und Lehrmeinungen vermittelten. Daher hielten es die Klöster nicht zuletzt zur Legitimierung der jeweils eigenen Tradition für sinnvoll, Mönche zu jenen Kultstätten Zentral- und Südasiens zu senden, denen man eine möglichst unverfälschte Überlieferung unterstellte. Vor allem galt es, eine möglichst große Zahl sakraler Schriften – und wohl auch die eine oder andere Reliquie – mitzubringen. An der Wende zum 5. Jahrhundert nahmen die Reiseaktivitäten und, damit verbunden, meist mehrjährige Studienaufenthalte in Indien deutlich zu.

Der erste Mönch, über dessen Indienreise wir aufgrund seiner Schilderungen im Detail informiert sind, ist Faxian, der sich im

Mönchsname	Hinreise (Aufbruch)	Rückreise (Ankunft)
Faxian	Landweg (399)	Seeweg (414)
Zhimeng	Landweg (404)	Landweg (424)
Songyun, Huisheng	Landweg (518)	Landweg (521)
Xuanzang	Landweg (629)	Landweg (645)
Yijing	Seeweg (671)	Seeweg (695)
Wukong	Landweg (751)	Landweg (790)

Tab. 3: Chinesische Pilgerfahrten
zu den Zentren des Buddhismus (Auswahl).

Jahre 399 mit seiner Begleitung von Chang'an aus auf den Weg machte. Zunächst über den Hexi-Korridor der üblichen Route der Seidenstraße folgend, war er, da die Südroute entlang der Taklamakan teilweise nicht mehr passierbar war, zu erheblichen Umwegen mit waghalsigen Wüstendurchquerungen gezwungen. Die anschließende Überquerung der Berge muss für ihn, der die Sechzig zu diesem Zeitpunkt längst überschritten hatte, eine gewaltige physische Herausforderung gewesen sein. Jenseits des Karakorum gelangte er in das Industal und weiter zum Ganges; alleine in Pataliputra (Patna) verbrachte er rund drei Jahre. Schließlich begab er sich von Bengalen aus mit dem Schiff nach Ceylon und von dort aus über Sumatra wieder zurück nach China, wo er sich umgehend an die Übersetzung der mitgebrachten Schriften machte. Und an die Niederschrift seiner Beobachtungen während der fünfzehn Jahre währenden Reise! Trotz mancher Vorurteile und fiktiven Elemente – so der Erwähnung eines Drachens, der auf Provokationen mit Schnee- und Sandstürmen reagiert – ist sein Bericht eine der wichtigsten Quellen für die Rekonstruktion der Lebensbedingungen, die zu jener Zeit in der östlichen Hälfte Asiens herrschten. In knappen Worten gibt das aus fremder Feder stammende Nachwort zu seinem Werk die Motivation für die Pilgerfahrt – und vielleicht sogar die Essenz seines Lebens – wieder; danach soll Faxian behauptet haben:

Wenn ich auf meine Erlebnisse zurückblicke, beginnt das Herz zu pochen, und Schweiß bricht aus. Ständiger Gefahr ausgesetzt, schonte ich mich nie; denn ich hatte ein klares Ziel vor Augen, das ich unbeirrt verfolgte und von dem mich nichts ablenken konnte. [Und dies obschon] der Tod ob der zahllosen Risiken nahezu unvermeidbar und die Hoffnung [auf gesunde Rückkehr] extrem gering schien.

Völlig verzweifelt war der fromme Pilger aber wohl eher selten; denn auch in Ausnahmesituationen – so etwa der drohenden Havarie während eines Taifuns im Südchinesischen Meer – blieben immer noch die Hinwendung zum Gebet und die Anrufung von Guanyin (Bodhisattva Avalokiteshvara). Weit häufiger finden sich derartige Bitten um Beistand, zuweilen aber auch die

Rezitation von Sutren zum Schutz vor Dämonen, im Übrigen in den Aufzeichnungen, die auf Xuanzang zurückgehen: einen im 7. Jahrhundert lebenden Mönch, dessen Ruhm bis heute nachwirkt.

Den immer noch hohen Bekanntheitsgrad verdankt er allerdings weder der Präzision der Schilderungen, die auf seine eigenen Äußerungen zurückgeführt werden, noch der aus Demut und Phantasie gespeisten Rhetorik eines Schülers, der bald nach seinem Tod eine Biographie vorlegte. Weit wichtiger für seine ungebrochene Popularität ist wohl die Tatsache, dass ihn im 16. Jahrhundert einer der berühmtesten, in der jüngeren Vergangenheit zudem mehrfach verfilmten Romane Chinas (*Xi you ji*) zu einer der Hauptfiguren machte.

Wie Faxian war Xuanzang von Chang'an aus aufgebrochen und dem Weg durch den Hexi-Korridor gefolgt, bis er den Rand der Gobi erreichte. In Dunhuang entschied er sich freilich für die Nordroute, passierte Turfan und Kucha, um dann den Tianshan zu überqueren und in weitem Bogen bis nach Samarkand vorzustoßen. Von hier aus orientierte er sich nach Südosten, trotzte mutig den Schneestürmen im Hindukusch und ließ sich schließlich für mehrere Jahre im Tal des Ganges nieder. In Nalanda, einer der berühmtesten Klosteranlagen jener Zeit, blieb er fünf Jahre lang, um sich in verschiedenen Überlieferungen des Buddhismus unterweisen zu lassen. Vor seiner Rückreise, für die er ebenfalls den Landweg wählte, besuchte er noch die religiösen Zentren im Süden und Westen des heutigen Indien.

Neben 150 Reliquien und Devotionalien waren auch 657 Schriften in dem Gepäck, das er bei seiner Ankunft in der Hauptstadt mit sich führte. Dort soll ihn gar der Kaiser empfangen und geehrt haben: insbesondere durch die Verleihung des später zuweilen auch anstelle seines Namens verwendeten Ehrentitels *sanzang* (chin.) bzw. *tripitaka* (skr.), der von der Bezeichnung für den buddhistischen Kodex abgeleitet ist und geradezu programmatischen Charakter hat. Denn es wurde ihm ein eigener Klosterkomplex zugewiesen, in dem er sich, unterstützt von einer Reihe weiterer Mönche, endlich der Aufgabe widmen konnte, die er bereits lange vor seiner Ankunft in Indien als wichtigstes Ziel formuliert hatte:

Sobald ich nach China zurückgekehrt bin, werde ich mich an die Übersetzung der gesammelten Bücher machen und [dadurch] die Kenntnis [bis dahin unbekannter] Lehrinhalte kundtun. So werde ich den Knoten des Irrtums lösen, dem verführerischen Einfluss falscher Anschauungen Einhalt gebieten und Abweichungen von der Überlieferung des Buddha korrigieren.

Noch ein dritter Pilger sei an dieser Stelle erwähnt: Yijing, der 671 auf einem persischen Schiff aufbrach und über Sumatra nach Bengalen gelangte. Wie einst Xuanzang zog es auch ihn zu den heiligen Stätten im Bereich des Ganges, und wie jener suchte er Nalanda auf, wo er zehn Jahre mit intensivem Studium verbrachte. Die Rückkehr nach China erfolgte auf derselben Route wie beim Hinweg, unterbrochen durch einen mehrjährigen Aufenthalt auf Sumatra, den er unter anderem zur Niederschrift zweier Werke nutzte.

Sendboten der Christenheit

Auch wenn ein fester Glaube keine Berge versetzt, so scheint er vielleicht doch die Strapazen zu lindern, die eine lange Reise in unwegsamem Gelände mit sich bringt. Zumindest kann man sich dieses Eindrucks kaum erwehren, wenn man sieht, dass auch unter den Europäern, die während des Spätmittelalters nach Zentral- und Ostasien aufbrachen, viele dem geistlichen Stand – und dabei wieder mehrheitlich dem Franziskanerorden (OFM) – angehörten. Allerdings gilt diese Dominanz möglicherweise nur innerhalb jener Gruppe von Reisenden, die aktenkundig waren und die unterwegs gewonnenen Informationen der Nachwelt überlieferten. Während nämlich die Gesandten und Missionare durchaus Interesse an einer Publizität ihrer Erfolge haben konnten, sahen die vermutlich noch weit zahlreicheren Kaufleute im Allgemeinen wenig Sinn darin, Kenntnisse offenzulegen, die auch für die Konkurrenz von Nutzen waren.

Allerdings sind die Intentionen nicht immer eindeutig auszumachen, und manche Franziskanermönche, deren primäres Mo-

Name	Herkunft	Status	Dauer	Aufenthalt
Johannes von Plano Carpini	Umbrien	Mönch (OFM)	1245–1247	Karakorum
Wilhelm von Rubruk	Brabant	Mönch (OFM)	1253–1255	Karakorum
Marco Polo	Venezien	Kaufmann	1271–1295	Peking
Johannes von Montecorvino	Kampanien	Mönch (OFM)	1271–1328	Peking
Odorich von Pordenone	Friaul	Mönch (OFM)	1314–1330	Peking
Johannes von Marignola	Toskana	Mönch (OFM)	1339–1353	Quanzhou
Johannes Schiltberger	Bayern	Kriegsgefangener	1402–1405	Samarkand
Ruy Gonzáles de Clavijo	Kastilien	Gesandter	1404	Samarkand

Tab. 4: Europäische Reisende, die während des Spätmittelalters nach Zentral- und Ostasien gelangten (Auswahl).

tiv die Mission (Rubruk) oder die Sammlung von Informationen (Plano Carpini) war, führten ein Schreiben ihres geistlichen oder weltlichen Oberhauptes mit sich, welches ihnen gegebenenfalls den Status eines Gesandten verlieh. Marco Polo wiederum, Spross einer Kaufmannsfamilie, begleitete Vater und Onkel bis nach Peking, trat dann aber für längere Zeit in die Dienste des Großkhans, auch wenn die Angaben über die Bedeutung seiner Position bei Hofe wohl allerlei Übertreibungen enthalten.

Im Übrigen waren die Reisezeiten selten so kurz wie im 13. und 14. Jahrhundert, als das mongolische Weltreich die Voraussetzungen für ein weitgehend ungestörtes Fortkommen über weite Entfernungen geschaffen hatte. Freilich sollte der Grad, in dem die *Pax Mongolica* durchgesetzt wurde, auch nicht überschätzt werden; denn die höchsten Zuwachsraten erfuhren Fernhandel und Mission in einer Phase, als die Geschlossenheit des Imperiums immer stärker zur Fiktion wurde.

Verglichen mit den meisten seiner das Mongolenreich erkundenden Zeitgenossen verfügte Wilhelm von Rubruk über einen relativ weiten Bildungshorizont. Was ihm indes fehlte, war ein entsprechender Fundus an aktiven Sprachkenntnissen, und so war er – im wahrsten Sinne des Wortes – rasch mit seinem Latein am Ende. Kein Wunder also, wenn die letzte Bemerkung seines Itinerars der Bedeutung von Dolmetschern gilt. Allerdings glich er dieses Defizit durch eine erstaunliche Beobachtungsgabe aus. Vor allem besaß er die Fähigkeit, seine Wahrnehmungen in einen größeren Zusammenhang einzuordnen und zu bewerten. Nur wenn es um den Anspruch seiner Kirche und den Inhalt seines Glaubens ging, entzog er sich der kritischen Reflexion. Nicht versagen konnte er sich jedoch der bei Hofe üblichen Debatte mit den Vertretern anderer Religionen: darunter Nestorianern, Buddhisten und Muslimen, die gleichermaßen um die Gunst des Großkhans buhlten und von diesem immer wieder zum Streitgespräch angestachelt wurden.

Wilhelm hatte für die Hin- und Rückreise jeweils den Landweg gewählt und sich für eine Route entschieden, die nördlich von Kaspischem Meer und Aralsee verlief. Odorich von Pordenone hingegen bewältigte den Großteil der Strecke nach China auf dem Schiff, um dann, nach längeren Aufenthalten in Quanzhou und Peking, entlang der zentralasiatischen Ost-West-Verbindung nach Europa zurückzukehren. Sein Bericht beschreibt, gleichermaßen anschaulich wie präzise, einige Phänomene, die damals nicht zum abendländischen Wissenskodex über China gehörten: darunter das Kormoranfischen und das Einbinden der Füße. Andererseits enthält er eine ganze Reihe von Passagen, die lediglich die damals geläufigen Stereotypen weitertradieren oder gar zusätzlich ausschmücken, so dass der reale Hintergrund kaum mehr zu erschließen ist. Und dies, obschon die Schlussbemerkung unter Verweis auf die ihm auferlegte Gehorsamspflicht betont, dass er «alles, was oben aufgeschrieben steht, entweder mit eigenen Augen gesehen oder aber von glaubwürdigen Leuten erfahren habe».

Sind die Beschreibungen Odorichs nicht zuletzt durch phantastische Vorstellungen geprägt, welche seit der Antike das Bild Asiens bestimmten, so gilt dies für die Schilderungen des Marco Polo in weit geringerem Maße. Dafür war dieser umso empfänglicher für die Überlieferungen und Gerüchte, die in den bereisten Ländern verbreitet waren. Zweifel sind daher grundsätzlich auch an diversen Stellen seiner Darstellung angebracht, selbst wenn manche Anmerkung, die bei den Lesern des 14. und 15. Jahrhunderts ungläubiges Erstaunen auslöste, der Wahrheit entsprach.

Odorich von Pordenone hatte vermutlich recht, wenn er Hangzhou als die «größte Stadt der Welt» bezeichnete und als Ort, der gleichsam «für den Handel prädestiniert» sei. Aber auch Marco Polo, der die größeren Streckenabschnitte seiner Hinreise auf Karawanenstraßen bewältigt hatte und viele Jahre später auf dem Seeweg zurückkehrte, war beeindruckt von der Metropole an der chinesischen Küste, deren Bevölkerungszahl damals wohl die Millionengrenze überschritt:

Nach allgemeiner Einschätzung beträgt der Umfang der Stadt rund hundert Meilen. Straßen und Kanäle erreichen eine enorme Breite und die Marktplätze, die unvorstellbare Menschenmassen aufnehmen müssen, haben eine gewaltige Ausdehnung. [...] Die Marktplätze sind jeweils vier Meilen voneinander entfernt angelegt. Parallel zur Hauptstraße, die diese miteinander verbindet, verläuft ein breiter Kanal, an dem geräumige Warenhäuser aus Stein errichtet sind, um den Kaufleuten, die mit ihren Waren aus Indien und anderen Ländern hierher kommen, einen bequemen Standort zu ermöglichen. [...] Auf jedem Marktplatz stehen an einer Seite zwei große Gebäude, die die kaiserlichen Beamten beherbergen, welche einschreiten, wenn es zu Auseinandersetzungen zwischen den fremden Kaufleuten oder den Bewohnern der Stadt kommt. Darüber hinaus haben sie die Aufsicht über die Wachen, welche die zu ihrem Bezirk gehörigen Brücken kontrollieren.

Sehr viel seltener gelangten Reisende aus dem fernen Osten nach Europa. Einzigartig ist daher der Bericht, den Rabban Sauma, ein nestorianischer Mönch, über den Besuch verfasste, den er 1287 dem Abendland abstattete. In Italien erwarteten den aus Nordchina stammenden Kirchenmann einige unerfreuliche Überraschungen. Noch auf See beobachtete er, wie der Ausbruch des Ätna den Himmel verdunkelte. Dann wurde er während seines Aufenthalts in Neapel mit einer heftigen Seeschlacht konfrontiert, die in der Bucht von Sorrent tobte. Und als er endlich Rom erreichte, erfuhr er vom Tod des Papstes und musste sich als «Häretiker» einigen eher unerquicklichen Diskussionen mit Vertretern des Kardinalsgremiums stellen. Erheblich angenehmer verlief offenbar die Zeit, die er anschließend in Frankreich verbrachte. In Paris genoss er Sehenswürdigkeiten, und in Bordeaux wurde er gar von Edward I. empfangen, dem englischen König, der gerade seine Ländereien in der Gascogne inspizierte.

Zeitgleich mit dem Zerfall mongolischer Herrschaft wurde im 14. Jahrhundert die Landverbindung zwischen Orient und Okzident zunehmend unattraktiv: vor allem wegen des rapide ansteigenden Sicherheitsrisikos, vielleicht aber auch wegen der Pest, die sich damals entlang der Handelswege ausbreitete. Erst die erfolgreiche Umrundung des Kaps der Guten Hoffnung (1498) und die damit eingeleitete Einrichtung regelmäßiger Schiffsverbindungen zwischen den Häfen Europas und Asiens führten wieder zu einer Intensivierung der Kontakte. Und seit dem 16. Jahrhundert suchten erneut zahlreiche Kaufleute und Missionare ihr Glück im Reich der Mitte.

Muslimische Reisende

Vor dem Hintergrund der zahllosen Araber und Perser, die im 8. und 9. Jahrhundert nach China gelangten, und der umfangreichen geographischen Literatur, die unter der Herrschaft der Abbasiden (750–1258) verfasst wurde, verwundert es ein wenig, dass die Zahl der erhaltenen Reiseberichte doch relativ gering ist. Unter ihnen sticht die Schilderung des Kaufmanns Sulaiman at-Tadschir hervor, der im Jahre 851 unter anderem die Existenz einer größeren muslimischen «Kolonie» in Kanton erwähnt.

Das 14. Jahrhundert steht dann allerdings im Zeichen von Ibn Battuta, der für die islamische Welt etwa das bedeutet, was Marco Polo für das christliche Abendland repräsentiert. Zwischen den beiden Männern, die man, lebten sie heute, vermutlich als professionelle Globetrotter bezeichnen würde, gibt es eine ganze Reihe von Parallelen. Wie Marco Polo trat Ibn Battuta während eines viele Jahre dauernden Aufenthalts in der Fremde zeitweilig in die Dienste des Herrschers: in seinem Fall des Sultans von Delhi. Wie bei jenem erfolgte die schriftliche Fixierung der Erinnerungen nicht eigenhändig, sondern mit Hilfe eines anderen. Und schließlich war auch seine Glaubwürdigkeit nicht frei vom Schatten des Zweifels, ohne dass jedoch der Kern der Aufzeichnungen durch eine Überdosierung von Phantasie und Formulierungsfreude substantiell beeinträchtigt wurde.

Ibn Battuta, der 1304 in Tanger geboren wurde, verbrachte etwa die Hälfte seines Lebens auf Reisen, und man hat errechnet, dass er zwischen 1325 und 1353 weit mehr als 100 000 km zurückgelegt haben muss. Dabei erreichte er verschiedene Regionen Europas und Afrikas, verbrachte indes die längste Zeit in Asien: vor allem in Indien, von wo er mit vergleichsweise hoher Präzision und Sachkenntnis berichtet, etwa wenn er die Umstände einer Witwenverbrennung schildert. Eine ähnliche Zuverlässigkeit haben seine Beschreibungen jener Städte, die er auf dem Weg dorthin passierte, darunter Merw, Buchara und Samarkand. Trotz ihrer Einfügung in das Itinerar dürften hingegen die Ausführungen über China in erster Linie auf Erzählungen zurückgehen, die Ibn Battuta auf den Basaren und in den Karawansereien aufschnappte.

Erheblich authentischer sind diesbezüglich die Aufzeichnungen, die Giyas ad-Din Naqqas, das Mitglied einer timuridischen Gesandtschaft, hinterließ, die 1420 Peking erreichte. Auch wenn sich in das Protokoll die eine oder andere Übertreibung einschlich und die darin geschilderten Abläufe einen erstaunlich geringen Niederschlag in den chinesischen Regesten fanden, bezeugen doch allerlei Details, dass die Beobachtungen im Allgemeinen höchst akkurat waren. Sehr anschaulich – und vor dem Hintergrund des muslimischen Bilderverbots erfrischend tolerant – ist, um nur ein Beispiel anzuführen, die Beschreibung einer buddhistischen Tempelanlage, die der Autor auf dem Hinweg in Lanzhou besichtigte:

In der Mitte dieses Ensembles befand sich der eigentliche Götzentempel, in dem man ein liegendes, etwa 50 Schritt langes

Idol errichtet hatte. […] Überall in diesem Tempel gab es […] andere kunstvolle Figuren, von denen jede etwa 20 m maß. Die lebensgroßen Statuen buddhistischer Mönche waren so exakt dargestellt, dass man den Eindruck hatte, diese Ungläubigen seien tatsächlich am Leben. An den übrigen Wänden befanden sich Bildnisse von einer solchen Art, dass alle Maler dieser Welt darüber erstaunt wären. Der große schlafende Götze hatte eine Hand unter seinem Kopf, die andere lag auf seiner Hüfte.

Abenteurer und Forscher

Im letzten Viertel des 19. Jahrhunderts erregte «Ostturkestan» zunehmend die Aufmerksamkeit europäischer Wissenschaftler, und die Wege, die das Tarimbecken erschlossen, wurden gleichsam zum Synonym für die gesamte Seidenstraße. Den Anlass hierfür bot die zunächst eher zufällige Entdeckung antiker Stätten und Handschriften: Funde, die eine bis dahin ungeahnte kulturelle Blüte in einer Region dokumentierten, der man ansonsten bestenfalls strategische Bedeutung beimaß.

Größere Publizität war freilich nicht Gelehrten wie dem Geographen Ferdinand Freiherr von Richthofen zu verdanken, der den Begriff Seidenstraße 1877 prägte, sondern erst Sven Hedin, dessen Expeditionen ab 1895 in den Pamir, nach Tibet und in die Taklamakan führten. Seine Schilderungen waren nämlich weit weniger der wissenschaftlichen Transparenz denn der Dramaturgie des Abenteuers verpflichtet und erreichten so eine ungleich größere Leserschar. Kein Wunder! Schließlich setzte der schwedische Geograph bei der Erkundung der Berge und der Durchquerung der Wüsten oft genug sein Leben aufs Spiel – und (nicht selten mit tödlichem Ausgang) das seiner Begleiter.

Vergebens spähten wir nach der schwarzen Wand am Horizonte aus, nach jenen undurchdringlichen Wolken, die uns von der Glut des Tages befreien sollten. Die Sonne und die Wüste hatten sich zu unserem Verderben miteinander verschworen. […] Mit erlahmenden Kräften und zitternden Beinen kämpften wir gegen Müdigkeit und Schlaflust an. Die steilen Seiten der Dünen schauten nun überwiegend nach Osten. Ich rutschte an

Herkunft	Dauer	Leiter
Russland	1888–1890	Grigorii & Michail Grum-Grzhimailo
	1898	Dimitri Klementz
	1906–1908	Carl Gustav Mannerheim
	1907–1909	Piotr Kozlov
	1909–1910	Sergei Oldenburg
	1914–1915	Sergei Oldenburg
Schweden	1895–1897	Sven Hedin
	1899	Sven Hedin
Großbritannien	1900–1901	Aurel Stein
	1906–1908	Aurel Stein
	1913–1915	Aurel Stein
Deutschland	1902–1903	Albert Grünwedel
	1904–1905	Albert von Le Coq
	1905–1907	Albert Grünwedel
	1913–1914	Albert von Le Coq
Japan	1902–1903	Otani Kozui
	1908–1909	Tachibana Zuicho & Nomura Eizaburo
	1910–1912	Tachibana Zuicho
Frankreich	1906–1908	Paul Pelliot

Tab. 5: Expeditionen in «Ost-Turkestan» vor dem 1. Weltkrieg (Auswahl).

ihnen hinunter und kroch lange Strecken auf Händen und Füßen. Wir waren schlaff und gleichgültig, kämpften aber um unser Leben. […] Unsere Kehlen brannten vor unerträglicher Trockenheit. Wir glaubten zu hören, wie es in den Gelenken knackte, und zu spüren, wie sie durch die Reibung heiß zu werden anfingen, und die Augen fühlten sich so trocken an, dass wir sie kaum öffnen und schließen konnten.

Dennoch erwarb sich Hedin mancherlei Verdienst: vor allem als Kartograph, dem es gelang, bis dahin unerschlossenes Terrain aufzunehmen. Als Archäologe hingegen war er – wie viele seiner Zeitgenossen – eher der Typ des Schatzgräbers. Er suchte in erster Linie nach spektakulären Objekten, hatte aber kaum Interesse an der umfassenden Dokumentation der Fundumstände und letztlich nur wenig Verständnis für deren historische Aussagekraft.

Abb. 5: Sven Hedin (Aufnahme in Kashgar, um 1896).

Dieser Vorbehalt gilt bis zu einem gewissen Grad auch für Aurel Stein, einen gebürtigen Ungarn, der für die britische Kolonialmacht in Indien tätig war; denn Skrupel bei der Ausgrabung oder dem Erwerb von antiken Gegenständen kannten beide Männer nicht. Allerdings wies Stein, der unter anderem in Tübingen studiert hatte, einen deutlich weiteren Bildungshorizont auf. Davon machte er gegebenenfalls auch hemmungslos Gebrauch: etwa wenn er vorgab, in der Tradition Xuanzangs zu stehen, um die Übereignung wertvoller Handschriften zu erreichen, die in einem buddhistischen Kloster in Dunhuang aufbewahrt wurden.

Stein war indes nicht der einzige, dem es durch eine Kombination von geschickter Rhetorik und bescheidener Wohltätigkeit gelang, den zuständigen Mönch zur Abtretung von Manuskripten zu bewegen. Nur wenige Monate nach ihm führte Paul

Abb. 6: Albert Grünwedel (in der Mitte sitzend) und Albert von Le Coq (rechts daneben) mit ihren Mitarbeitern (Aufnahme aus dem Jahre 1906).

Pelliot, der bedeutendste französische Sinologe seiner Zeit, ähnliche Verhandlungen. Letztlich mit noch größerem Erfolg, erlaubte ihm doch seine weitaus größere Sprachkompetenz die Zusammenstellung einer wirklich repräsentativen Auswahl. Auf diese Weise gelangten zwei bedeutende Sammlungen nach London und Paris, deren gemeinsame Herkunft auf eine «Bibliothek» zurückzuführen ist, die in einer Kultstätte am Rande der Gobi versteckt war. In Europa sollte dies der philologisch orientierten Asienforschung eine völlig neue Dimension erschließen, in China verursachte es jedoch ein bis heute nachwirkendes Trauma.

Dazu trug natürlich auch der Abtransport von unwiederbringlichen Kunstschätzen bei: vor allem von Figuren und Wandmalereien, die die Fremden aus jenen Höhlen entfernten, welche die Anhänger verschiedener Religionen – namentlich des Buddhismus – einst für rituelle Zwecke angelegt hatten. Neben

Stein und seinen Helfern gingen dabei die Deutschen besonders systematisch vor. Während der unermüdlich zeichnende Albert Grünwedel mehr an der Dokumentation der Bildprogramme interessiert war, sorgten Albert von Le Coq und sein Techniker Theodor Barthus dafür, dass zahllose Darstellungen mit Meißel, Messer und Fuchsschwanz vom Untergrund abgelöst wurden, um nach Berlin geschafft zu werden. Größere Formate wurden, bevor sie, geschützt durch mehrere Schichten von Baumwolle, Filz und Schilf, in Holzkisten verpackt wurden, nochmals in Einzelbestandteile zerlegt. Dabei hatte man es, wie Grünwedel in einem Brief aus dem Jahre 1903 anmerkt, mit der Weiterbeförderung nicht unbedingt eilig:

Bei der ungewöhnlichen Schwierigkeit des Weges haben wir beschlossen, die Kisten nur durch Kamele transportieren zu lassen, die nicht aneinander stossen, wie die Saumpferde oder Esel und später nicht mit der Bahn – sondern dem Wasserweg nach Petersburg. Von da sollen sie dann, sobald sie als Transitgut anerkannt sind, zur See nach Stettin gehen.

Bruch soll es dabei im Übrigen nie gegeben haben; erst im Verlauf des 2. Weltkriegs wurde eine ganze Reihe bedeutender Werke zerstört. Beim Besuch der Höhlenanlagen Xinjiangs wird man freilich bis heute auf die Lücken aufmerksam gemacht, die durch das Heraussägen zentraler Motive entstanden. Was von späteren Kritikern – nicht ganz zu Unrecht – als Akt des Vandalismus gebrandmarkt wurde, entsprach freilich dem Geist, der an der Wende zum 20. Jahrhundert nicht nur das Handeln der Europäer bestimmte. Andererseits hat die Bewunderung, die die Objekte bei den Betrachtern in Berlin, London oder Paris immer wieder auslösten, auch zu einer positiveren Wahrnehmung der zwischen Tianshan und Kunlun gelegenen Region beigetragen. Denn manches von der Begeisterung, die Albert Grünwedel 1906 in einem Brief aus Kizil ausdrückte, gelangte mit den Objekten in die Metropolen des Westens:

Welch eine Masse von Eindrücken! Welch eine Welt von Wundern lebt hier auf. Die Anstrengung, all dies zu fassen, zu verdauen, um es sofort festzuhalten und nichts zu übersehen, ist aber auch unerhört.

Der 1. Weltkrieg markierte sicherlich einen deutlichen Einschnitt, aber nicht das Ende der Aktivitäten. Nun gesellte sich auch ein Amerikaner dazu: Langdon Warner, ein Kunsthistoriker und Orientalist, der im Auftrag des *Fogg Art Museum* der Harvard-Universität auf «Sammelreise» ging und 1924 nach Dunhuang gelangte. Dort versuchte er, mit Hilfe eines neu entwickelten Verfahrens Malereien von den Wänden zu lösen, hatte aber wegen des strengen Winters, der das Fixativ immer wieder einfrieren ließ, nur mäßigen Erfolg. Anhaltenden Ruhm erlangte er denn auch nicht durch seine Erwerbungen oder seine durchaus respektablen wissenschaftlichen Leistungen, sondern durch seine «Wiederbelebung» auf der Kinoleinwand; angeblich geht nämlich der Prototyp des Abenteurers, die Filmfigur des Indiana Jones, auf sein Vorbild zurück.

3. Sprache und Identität

Betrachtet man die enorme ethnische Vielfalt im Einzugsgebiet der Seidenstraße, dann stellt sich fast unmittelbar die Frage nach der Kommunikation. Schließlich musste – und muss – ein bestimmtes Maß an Verständigung nicht nur von Ort zu Ort, von Oase zu Oase, von Insel zu Insel gewährleistet sein, sondern auch über weite Distanzen hinweg. Kein Wunder also, dass der Ertrag der Kaufleute, der Erfolg der Gesandten oder die Resonanz der Missionare in direktem Bezug zu den jeweiligen Ausdrucksfähigkeiten – zumindest aber zur Qualität der beteiligten Dolmetscher und Übersetzer – gesehen werden muss.

Antike Zeugnisse

Die Region Nordpakistans, in der die Flüsse Hunza, Gilgit und Indus aufeinandertreffen, war bereits in sehr früher Zeit ein wichtiger Knotenpunkt im Verkehrsnetz der Seidenstraße. Dies wird nicht zuletzt an zahllosen Felsbildern deutlich, die das Aufeinandertreffen verschiedener Kulturen veranschaulichen. Wie ein überdimensionales Gästebuch nehmen sich zudem mehrere tausend Inschriften aus: mehrheitlich Personennamen, die in das Gestein gepickt oder geritzt wurden und die Anwesenheit von Händlern, Mönchen und Diplomaten dokumentieren. Rund dreiviertel davon sind in Brahmi fixiert; den Rest dominieren Sogdisch und Kharoshthi. Aber auch chinesische Zeichen finden sich und belegen unter anderem die Durchreise eines Abgesandten der Wei-Dynastie, der vermutlich im 3. Jahrhundert n. Chr. gen Westen aufgebrochen war.

Eine noch größere Vielfalt an Schriften ist aus den Randzonen von Gobi und Taklamakan im heutigen China überliefert. Insbesondere aus Turfan und Dunhuang stammen zahllose, oftmals nur in winzigen Fragmenten erhaltene Texte, von denen

Sprache	Sprachzweig	Sprachfamilie	Schrift
Tocharisch A	Tocharisch	Indoeuropäisch	Brahmi
Tocharisch B	Tocharisch	Indoeuropäisch	Brahmi Manichäisch
Sogdisch	Iranisch	Indoeuropäisch	Brahmi Nestorianisch Manichäisch Sogdisch
Parthisch	Iranisch	Indoeuropäisch	Runen Manichäisch Sogdisch
Baktrisch	Iranisch	Indoeuropäisch	Hephtalitisch Manichäisch
Khotan-Sakisch	Iranisch	Indoeuropäisch	Brahmi
Tumshuk-Sakisch	Iranisch	Indoeuropäisch	Brahmi Kharoshthi
Mittelpersisch	Iranisch	Indoeuropäisch	Pahlavi Runen Manichäisch Sogdisch
Neupersisch	Iranisch	Indoeuropäisch	Arabisch Nestorianisch Manichäisch Hebräisch
Sanskrit	Indoarisch	Indoeuropäisch	Brahmi Pala Chinesisch
Prakrit	Indoarisch	Indoeuropäisch	Brahmi Kharoshthi
Griechisch	Griechisch	Indoeuropäisch	Griechisch
Syrisch	Semitisch	Afroasiatisch	Nestorianisch
Hebräisch	Semitisch	Afroasiatisch	Hebräisch
Alttürkisch	Türkisch	Altaisch	Runen Brahmi Phagspa Tibetisch Arabisch Pahlavi Uigurisch Manichäisch Sogdisch

Sprache	Sprachzweig	Sprachfamilie	Schrift
Mongolisch	Mongolisch	Altaisch	Brahmi Mongolisch Phagspa
Kitan	Mongolisch	Altaisch	Kitan
Tibetisch	Tibetobirmanisch	Sinotibetisch	Uigurisch Tibetisch
Tangutisch	Tibetobirmanisch	Sinotibetisch	Tangutisch
Chinesisch	Sinitisch	Sinotibetisch	Chinesisch Uigurisch Sogdisch Tibetisch

Tab. 6: Sprachen und Schriften in antiken Textfunden aus den Randzonen von Taklamakan und Gobi (Nordwestchina).

freilich ein Großteil an der Wende zum 20. Jahrhundert außer Landes gebracht wurde, um in London, Paris oder Berlin archiviert zu werden. Im Grunde lassen sich die Schriften trotz mancherlei Modifikationen auf drei Vorbilder zurückführen: das linksläufige Aramäisch, das rechtsläufige Brahmi und das Chinesische, bei dem die Zeichen vornehmlich von oben nach unten angeordnet waren.

Als Beschreibmaterial verwendete man Papier, das zumindest teilweise aus den Produktionszentren des Reichs der Mitte eingeführt wurde, sowie Palmblätter, Birkenrinde, Seide, Pergament, Holz und Stein. Viele Texte waren von Hand geschrieben; daneben lassen sich allerdings auch zahlreiche Blockdrucke identifizieren, von denen angenommen wird, dass sie mehrheitlich aus chinesischen Werkstätten stammen.

Der größte Teil der Aufzeichnungen behandelt religiöse Themen aus den Traditionen von Buddhismus, Manichäismus und Nestorianismus; viele Funde sind Zeugnisse einer gleichermaßen hingebungsvollen wie gelehrten Übersetzungsarbeit. Darüber hinaus bieten Zollaufstellungen, Abrechnungen, Pacht- und Kaufverträge aber auch die Möglichkeit, einzelne Aspekte des Alltagslebens zu erschließen. Die Zeitspanne, die durch die

Abb. 7: Felsbild mit chinesischer Inschrift im Industal (Nordpakistan).

meist nur in Fragmenten erhaltenen Schriften abgedeckt wird, reicht etwa vom 2. bis zum 14. Jahrhundert, wobei zunächst chinesische, später aber iranische und alttürkische Dokumente überwiegen.

Sprachbarrieren

Auch heute noch herrscht Sprachenvielfalt. Dies veranschaulicht beispielsweise die Situation im erst unter den britischen Kolonialherren zur politischen Einheit zusammengewachsenen Indien, wo neben Hindi und Englisch auch Assami, Bengali, Gudscharati, Hindi, Kannada, Kaschmiri, Malayam, Marathi, Oriya, Pandschabi, Sanskrit, Sindhi, Tamil, Telugu und Urdu im Amtsverkehr verwendet werden.

Von denen, die wegen ihres Berufs – oder ihrer Berufung – regelmäßig auf der Seidenstraße reisten, waren sicherlich viele polyglott. In manchen Regionen und einzelnen Epochen gab es freilich auch eine Lingua franca. So kam etwa dem Malaiischen in den Hafenstädten und dem Sogdischen an den Knotenpunkten der Landroute zeitweilig die Rolle einer vielerorts einsetzbaren und allgemein akzeptierten Sprache zu. Eine ähnlich dominierende Position könnte in absehbarer Zukunft das Englische einnehmen.

Ein wichtiges Verständigungsmittel war wohl im Spätmittelalter auch das dem türkischen Sprachzweig zugerechnete Komanisch. Dessen Rolle bei den Geschäftsverhandlungen in Zen-

Sprachfamilie	Sprachzweig	Sprache	Staaten (jew. 1)
Sinotibetisch	Sinitisch	Chinesisch	China
	Tibetobirmanisch	Tibetisch	China
		Birmanisch	Myanmar
Altaisch	Türkisch	Uigurisch	China
		Kasachisch	Kasachstan
		Kirgisisch	Kirgistan
		Usbekisch	Usbekistan
		Turkmenisch	Turkmenistan
		Aserbaidschanisch	Aserbaidschan
		Türkisch	Türkei
	Mongolisch	Mongolisch	Mongolei
	Tungusisch	Mandschurisch	China
Austroasiatisch	Mon-Khmer	Vietnamesisch	Vietnam
		Khmer	Kambodscha
Tai-Kadai	Tai	Thai	Thailand
Austronesisch	Malayopolynesisch	Malaiisch	Malaysia
		Makassarisch	Indonesien
		Buginesisch	Indonesien
		Javanisch	Indonesien
Indoeuropäisch	Iranisch	Tadschikisch	Tadschikistan
		Paschtu	Afghanistan
		Belutschi	Pakistan
		Farsi	Iran
		Kurdisch	Iran
	Indoarisch	Bengali	Bangladesh
		Gudscharati	Indien
		Sindhi	Indien
		Pandschabi	Pakistan
		Singhalesisch	Sri Lanka
	Armenisch	Armenisch	Armenien
	Slawisch	Russisch	Russland
Kaukasisch	Westkaukasisch	Georgisch	Georgien
Drawidisch	Tamil-Kannada	Tamil	Indien
Afroasiatisch	Semitisch	Arabisch	Irak

Tab. 7: Klassifikation von Sprachen, die heute im Bereich der Seidenstraße (Land- und Seerouten) angetroffen werden (Auswahl in vereinfachter Darstellung).

tralasien belegt nicht zuletzt der *Codex cumanicus*, eine gleichermaßen heterogene wie instruktive Schriftensammlung, deren einzelne Bestandteile auf das 13. und 14. Jahrhundert zurückgehen.

Unter den Termini, die eine dreisprachige Wörterliste in Latein, Persisch und Komanisch im ersten Teil des Werks aufführt, dominieren nämlich Begriffe, die vor allem Kaufleute kennen mussten: insbesondere Produktbezeichnungen, aber auch Herstellungstechniken und Zahlungsmodalitäten.

Übersetzer und Dolmetscher

Der zweite Teil des *Codex cumanicus* beinhaltet hingegen in erster Linie Informationen, die als Hinweise für Missionare gesehen werden können. Überhaupt muss man den Eindruck gewinnen, dass die religiöse Überzeugung – mehr noch als das ökonomische Interesse – der wohl wichtigste Antrieb für die schriftliche Fixierung von Erkenntnissen und Überzeugungen war. Das gilt insbesondere für die zahllosen Übersetzungen in das Sogdische, Alttürkische und Chinesische. Den Manichäern dienten dabei im Allgemeinen mittelpersische und parthische Texte als Vorlage, den Nestorianern syrische Abhandlungen. Die buddhistischen Sutren schließlich gingen auf Fassungen in Sanskrit und Prakrit zurück.

Deren Übertragung in das Chinesische war jedoch eine besondere Herausforderung, der man sich im Lauf der Geschichte auf unterschiedliche Weise stellte. Erst im 5. Jahrhundert gelang die Balance zwischen Aussage und literarischem Anspruch, nachdem die Übersetzungen zuvor entweder an holpriger Worttreue oder übermäßiger Großzügigkeit gelitten hatten. Die terminologische Vereinheitlichung erfolgte dann zwischen dem 7. und 9. Jahrhundert, doch ging mit der begrifflichen Strenge auch eine Abnahme der poetischen Suggestivkraft einher.

Die größte Schwierigkeit war freilich die Anpassung an eine gänzlich andere Geistes- und Lebenswelt, wobei man sich in der Frühphase gerne vermeintlicher Äquivalente bediente, die dem daoistischen Vokabular entlehnt wurden. Aber auch konfuzianische Normen sollten die Textgestaltung beeinflussen. So modifizierte man beispielsweise die ursprünglichen Formulierungen in einer Passage über die Rollenverteilung innerhalb der Ehe in durchaus sinnverändernder Weise, wenn «der Mann unterstützt seine Frau» mit «der Mann kontrolliert seine Frau» übersetzt wurde und «die Frau umsorgt ihren Mann» mit «die Frau verehrt ihren Mann».

Die Nestorianer wiederum griffen gerne Ausdrücke auf, denen sie in buddhistischen Schriften begegneten. Allerdings erreichten die chinesischen Fassungen ihrer Traktate nur höchst selten deren literarischen Rang.

Wie wichtig der souveräne Umgang mit Sprache und Schrift für die Vermittlung religiöser Inhalte ist, zeigt zumindest indirekt die folgende Schilderung von Mariae Empfängnis, welche auf nestorianische Missionare zurückgeht, die ihre christliche Botschaft im 7. Jahrhundert in das Reich der Mitte brachten.

Der Himmlische Gott beauftragte den Kühlen Wind, sich der Jungfrau zu nähern. Der Kühle Wind kam dem Auftrag des Himmlischen Gottes nach und drang in den Bauch der Jungfrau ein, welche daraufhin schwanger wurde. Dies wurde vom Himmlischen Gott veranlasst, weil er wusste, dass die Jungfrau noch unverheiratet war, und weil er beweisen wollte, dass sie auch ohne Ehemann schwanger werden konnte. Nach der Empfängnis gebar die Jungfrau einen Sohn, dessen Vater der Kühle Wind war.

Ebenso wie die Übersetzer stammten auch die Dolmetscher vielfach aus den Randgebieten der großen Reiche. In Zentralasien kamen sie vor allem aus jenen Handelszentren, die die Knotenpunkte im Verkehrsnetz der Seidenstraße bildeten: also etwa den Städten Sogdiens oder den Oasen des Tarim-Beckens. Wesentliche «Verständigungsbrücken» waren daher häufig iranische oder türkische Sprachen wie das Sogdische und das Kumanische. Zudem fällt auf, dass der Begriff Dolmetscher mit seinen zahllosen Varianten vom türkischen *dilmaç* abgeleitet ist. Im insularen Südostasien der Kolonialzeit hatten chinesische Einwanderer eine ähnliche Mittlerrolle inne: vor allem in dem schwierigen Beziehungsgeflecht zwischen den europäischen

Herren und den höchst heterogenen einheimischen Bevölkerungsgruppen.

Großes Gewicht kam den Sprachkundigen insbesondere beim Dialog zwischen einzelnen Staaten und ihren Potentaten zu. Schließlich trug die Qualität ihrer Arbeit maßgeblich zum Erfolg und Misserfolg von Verhandlungen bei, und ein falsch gewähltes Wort konnte zum Scheitern der Gespräche führen. Einen lebendigen Eindruck von dem Bemühen um exakt abgestimmte Formulierungen vermitteln die Angaben, die Johannes von Plano Carpini um die Mitte des 13. Jahrhunderts über die Entstehung eines Antwortschreibens machte, das ihm der mongolische Großkhan Güyük für Papst Innozenz IV. mitgab.

Er ließ uns fragen, ob es in der Umgebung des Papstes Leute gäbe, die einen russischen, sarazenischen [persischen] oder tartarischen [mongolischen] Brief lesen könnten. Darauf antworteten wir, dass wir weder die russische noch die tartarische oder sarazenische Schrift verwendeten; zwar gebe es durchaus Sarazenen im Land, doch nur in großer Entfernung zum Papst. Wir hielten es für angebracht, wenn sie das Schreiben tartarisch verfassten und uns dieses dann übersetzten, damit wir es im Anschluss in unserer eigenen Schrift niederschreiben könnten. […] Nachdem der Brief Wort für Wort übersetzt war und wir alles in Latein niedergeschrieben hatten, wurde, um einen Irrtum auszuschließen, nochmals jede Textpassage einzeln durchgegangen. Und als beide Briefe vollendet waren, ließ man sie uns zweimal vorlesen, [um sicherzugehen] dass auch wirklich nichts übersehen worden war. […] Schließlich wurde auch noch eine sarazenische Abschrift erstellt, auf dass der Papst, wenn er dies wollte, jemanden in unseren Landen auftreibe, der diese lesen könne.

Der Brief hat die Jahrhunderte in den Archiven des Vatikans überdauert, zwar nicht in dem von Johannes erwähnten mongolischen Original, dafür aber sogar in drei Übersetzungen. Neben den geschilderten Fassungen in Latein und Persisch fand sich nämlich auch noch eine türkische Version. Alle drei Schriftsätze forderten im Übrigen in harschem Ton Unterwerfungsgesten des Papstes, vermutlich ein Grund, warum sie rasch im Magazin deponiert wurden. Am Rande sei schließlich noch bemerkt, dass das Amt des Dolmetschers in Konfliktfällen durchaus mit Risiken behaftet war. Denn insbesondere wenn die Verhandlungsergebnisse nicht den Erwartungen entsprachen, neigten manche Herrscher dazu, ihre schwindende Autorität durch die Hinrichtung des dafür verantwortlich gemachten Übersetzers zu kompensieren.

Vorurteile und Stereotypen

Bei der Festlegung der Gruppenzugehörigkeit spielt die Sprache im Allgemeinen eine wichtige Rolle. Nicht immer freilich ist sie das entscheidende Kriterium. In China beispielsweise war die Schrift das Band, welches die Menschen einte und eine gemeinsame Geschichte begründen half. Im Prinzip bilden nämlich die dabei verwendeten Zeichen jeweils semantische Einheiten, die die enormen regionalen Unterschiede in der Lautgebung überbrücken und im ganzen Lande gleichermaßen verstanden werden. Aber auch über die Grenzen hinweg erwiesen sie sich zeitweilig als «sinnstiftend», etwa wenn durch sie die Oberschicht Koreas oder Vietnams enger an den chinesischen Hof gebunden wurde: mit der Folge, dass sich die Distanz zwischen der Elite und den weniger privilegierten Schichten in den Nachbarstaaten noch vergrößerte.

Das vergleichsweise lange Kontinuum schriftlicher Überlieferung bildet auch den Kern einer immer wieder beschworenen ethnischen und kulturellen Einheit, deren Geschichte man nahezu bruchlos an das mythische Geschehen anschließt. In Wirklichkeit gilt dieses Postulat jedoch

Abb. 8: Aus Zentralasien stammende Kaufleute offerieren dem Buddha ihre Gaben (Umzeichnung nach einer Wandmalerei in Turfan).

nicht einmal für die Han: die durch eine Identifikation mit den dominierenden Ausprägungen chinesischer Zivilisation abgegrenzte Gruppe, die in historischer Zeit die Bevölkerungsmehrheit innerhalb der Reichsgrenzen stellte. Vielmehr profitierten auch die Han von den vielfältigen materiellen und geistigen Impulsen aus der Begegnung mit fremden Traditionen, in der die um ihre Eigenständigkeit kämpfenden Minderheiten freilich immer mehr an die Peripherie gedrängt wurden.

Ein der Schrift in der Bedeutung kaum nachstehendes Distinktionsmerkmal bezog sich auf abweichende Wirtschaftsformen; denn die chinesische Staatsdoktrin erhob eine sesshafte Lebensweise zur Norm, nach der die Reichsbewohner mehrheitlich an die Gemarkungen der von ihnen bestellten Ackerflächen gebunden waren. Die mobile Lebensweise der Steppenbewohner blieb hingegen, soweit sich dies zurückverfolgen lässt, stets suspekt. Der ökonomische Hintergrund interessierte dabei wenig, so dass im Allgemeinen die verschiedenen Formen der Tierhaltung – von der Transhumanz bis zum Nomadismus – kaum unterschieden wurden. Statt dessen wurde den Betreibern der Herdenviehzucht ein gleichermaßen unstetes wie zielloses «Hin- und Herwandern» unterstellt, das dem festen Rhythmus des saisonalen Wechsels der Weideplätze nicht im Entferntesten entsprach.

Verstärkt wurden derlei Vorurteile, wenn die «Barbaren», die mit den Mitteln der chinesischen Bürokratie schwer zuzuordnen – und damit schlecht zu kontrollieren – waren, offenkundig auch noch kommerzielle Ambitionen hatten. Das unverhüllte Streben nach Profit galt nämlich als anrüchig, untergrub es doch in der Vorstellung des Hofes die Fundamente staatlicher Ordnung. So wurde denn lange Zeit den Kaufleuten die unterste Stufe innerhalb eines sozialen Gliederungsschemas zugewiesen, das nicht nur den Bauern, sondern auch den Handwerkern einen höheren Status zuwies. Zudem hat man Stereotypen gerne ausgetauscht und übertragen, so dass Händler aus den Oasen und Nomaden aus der Steppe trotz völlig unterschiedlicher Lebensformen zuweilen mit nahezu identischen Attributen versehen wurden: vor allem aggressiv, habgierig und utilitaristisch.

Selbstzuordnung und Fremdwahrnehmung

Eine zurückhaltende oder gar abschätzige Einstellung gegenüber Fremden war aber natürlich keine Erscheinung, die auf China begrenzt war; denn umgekehrt blieb es auch den Han nicht erspart, von ihren Nachbarn mit Eigenschaften ausgestattet zu werden, die sie sich selbst wohl kaum zuschrieben. Sehr anschaulich zeigt dies etwa eine alttürkische Inschrift aus dem Tal des Orchon in der heutigen Mongolei:

Die Worte der Chinesen waren seit jeher süß, ihre Stoffe stets weich. Indem sie durch ihre süßen Worte und weichen Stoffe täuschen, ziehen die Chinesen, so sagt man, die entfernt lebenden Völker an. Und dann planen sie, wie es heißt, das Unheil eines solchen Volkes, sobald es in ihrer Nähe siedelt. Sie verhindern damit, dass wahrhaft weise und aufrechte Männer den Fortschritt bringen.

Kollektives Selbstbewusstsein lässt sich freilich nicht nur von der Ausgrenzung der jeweils anderen Gruppe ableiten, sondern ebensosehr von der Unterstreichung – gegebenenfalls auch Überbetonung – der eigenen Bedeutung. Oftmals ist dies mit einer konstruierten Seniorität verbunden, für die man die eigene Geschichte möglichst lange in die Vergangenheit verlängert. So berufen sich beispielsweise die Mongolen nicht nur auf das Erbe des «Weltherrschers» Dschingis-Khan. Sie sehen sich überdies gerne als Nachfahren der Xiongnu, der Kerngruppe einer Konföderation, die bereits in vorchristlicher Zeit der erfolgreichste Widersacher des damals noch jungen chinesischen Kaiserreichs war.

Besonders jung – und mit der Namensgebung eng verknüpft – ist die Ethnogenese der Uiguren. Erst seit den 1920er Jahren sind unter dieser Benennung vornehmlich jene türkischsprachigen Oasenbewohner Xinjiangs vereint, die sich zum Islam bekennen. Dabei wird gerne übersehen, dass sich die verschiedenen, bis dahin in loser Beziehung zueinander stehenden Lokalgruppen eines Ethnonyms bedienen, das ursprünglich den manichäisch geprägten Trägern eines im 8. Jahrhundert in der Mongolei zur Blüte gelangten Steppenreichs vorbehalten war.

Allerdings ist die heimische wie die staatliche Propaganda auch eifrig darum bemüht, den Gedächtnisverlust zu beschleunigen und das Zugehörigkeitsbewusstsein mit Hilfe einer künstlich verlängerten Geschichte zu festigen.

Eine gedankliche Brücke bei der Schaffung identitätsstiftender Tradition bildet dabei der Umstand, dass sich ein nicht unbeträchtlicher Teil der Uiguren nach einer im Jahre 840 gegen die Kirgisen erlittenen Niederlage in den östlichen Randzonen des Tarim-Beckens niederließ. Damals wurde Kocho in der Oase Turfan zur Hauptstadt des gleichnamigen kleinen Reiches, in dem in den darauffolgenden Jahrhunderten Buddhismus, Manichäismus und Nestorianismus gefördert wurden. Ein anderer Strom von uigurischen Flüchtlingen endete hingegen in Gansu. Dort setzte sich im Laufe der Zeit der Lamaismus durch, der bis heute die bestimmende Religion bildet und der Grund dafür ist, dass ihre Abkömmlinge zuweilen auch als «gelbe Uiguren» bezeichnet werden. In offiziellen Aufstellungen hat sich indes die lautähnliche Benennung Yugur durchgesetzt: obschon bestenfalls die wie ihre Vorfahren von der Weidewirtschaft lebenden Angehörigen dieser Gruppe – nicht aber die muslimischen Oasenbewohner – legitimiert wären, eine kontinuierliche Verbindung zum einst mächtigen Steppenreich herzustellen. Besonders homogen sind aber auch die Yugur nicht, und so lässt sich die Zugehörigkeit nur sehr bedingt mit Hilfe der Sprache ausmachen; denn jeweils rund ein Drittel von ihnen verwendet Varianten des Türkischen, des Mongolischen und des Chinesischen als Hauptverständigungsmittel.

Die jeweiligen Konstituenten von Gruppenzugehörigkeit und -benennung folgen also keinem simplen Kriterienkatalog. Das sollte man nicht vergessen, wenn heute wieder verstärkt ethnische und nationale Identitäten beschworen und mit einer häufig fiktiven Geschichte begründet werden. Besonders prekär werden die Klassifikationsschemata vor allem dann, wenn neben linguistischen und kulturellen Merkmalen auch somatische Andersartigkeit als Argument einbezogen wird. Das gilt auch im historischen Rückblick: etwa dann, wenn blonde oder rothaarige Trockenmumien, die in Xinjiang geborgen wurden, mit

Schriftzeugnissen aus demselben Großraum korreliert werden, die einem Zweig der indoeuropäischen Sprachfamilie zuzurechnen sind. Die darauf aufbauenden Bemühungen, die in griechischen Quellen erwähnten Tocharer zu verorten und als ethnische Einheit zu rekonstruieren, sind wenig überzeugend. Nicht zuletzt deshalb, weil die herangezogenen «Belege» aus völlig unterschiedlichen Epochen stammen.

Geradezu grotesk sind in diesem Zusammenhang jüngste Versuche westlicher Autoren, die Angehörigen einer «indoeuropäischen Rasse» – sogenannte Proto-Tocharer – auch für das Aufblühen der chinesischen Kultur verantwortlich zu machen. Diese hätten angeblich im 2. und frühen 1. Jahrtausend v. Chr. von Xinjiang aus die entscheidenden technologischen Errungenschaften nach Osten vermittelt: die Bronze- und die Eisenverarbeitung ebenso wie die Verwendung von Streitwagen und Steigbügel. Nur schade, dass derlei Mutmaßungen mit einer archäologisch unterfütterten Chronologie nicht in Einklang zu bringen sind, ganz abgesehen davon, dass die unterstellte Kongruenz von sprachlichem und anthropologischem Befund ohnehin über kein wissenschaftliches Fundament verfügt.

Dabei ist schon erhebliche Vorsicht bei der Einordnung von Stifterdarstellungen angebracht, welche die Wände manichäischer und buddhistischer Höhlenheiligtümer am Rande von Taklamakan und Gobi zieren; denn allzuschnell werden die wiedergegebenen Personen anhand von Körperbau, Haarfarbe oder Gesichtszügen mit Gruppen in Verbindung gebracht, die ansonsten lediglich als linguistische Einheiten definiert sind. Solange aus der Antike jedoch keine zuverlässigen Überlieferungen, sondern lediglich Relikte einer nicht immer reflektierten Fremdwahrnehmung zur Verfügung stehen, ist es letztlich wenig sinnvoll, derart hypothetische Bezüge zu konstruieren oder gar «Ordnung» in die damalige Völkervielfalt Zentralasiens zu bringen. Die existierte nämlich auch in späterer Zeit nur sehr bedingt.

4. Staaten und Konföderationen

Die Geschichte der Seidenstraße ist nicht zuletzt durch ein kompliziertes Zusammenspiel von Wandel und Kontinuität geprägt. Während vor allem in Zentralasien der Wechsel zwischen einzelnen Potentaten und Allianzen oftmals in einem raschen Rhythmus erfolgte, vermitteln die Randbereiche im Allgemeinen den Eindruck von Beständigkeit. Das gilt im Westen insbesondere für die Machtentfaltung, die vom Bosporus ausging: zunächst durch Byzanz (395–1453), das sich überdies in der legitimen Nachfolge Roms sah, danach durch das Osmanische Reich (in Istanbul: 1453–1922).

Im Osten wird hingegen China als entscheidende Konstante gesehen. Allerdings spiegelt die in diesem Zusammenhang gerne auf die Vergangenheit projizierte «nationale Einheit» nur bedingt die historische Realität wider; denn genau betrachtet überwogen in den letzten beiden Jahrtausenden Phasen der Zersplitterung (besonders ausgeprägt 221–588 und 907–975) und der Fremdherrschaft. Die Größe des Territoriums, das die aus den Steppenzonen eingedrungenen Nachbarvölker eroberten, variierte jedoch. Während sich die Toba (Nördliche Wei-Dynastie: 386–534), Kitan (Liao-Dynastie: 937–1125), Tanguten (Westliche Xia-Dynastie: 1038–1227) und Dschurdschen (Jin-Dynastie: 1115–1234) lediglich im Norden festsetzten, gelang es den Mongolen (Yuan-Dynastie: 1280–1367) und Mandschuren (Qing-Dynastie: 1644–1911), das gesamte Staatsgebiet bis zur Südküste unter ihre Kontrolle zu bringen.

Der Sohn des Himmels

Andererseits sollte man die Anziehungs- und Gestaltungskraft nicht unterschätzen, welche die chinesische Kultur auf die fremden Eroberer und ihre Nachfahren ausübte. Erstaunlich rasch übernahmen die «Barbaren» und ihre Abkömmlinge denn auch meist die bürokratischen Strukturen und deren ideologische Grundlagen. Vor allem sorgten sie für Kontinuität beim Umgang mit der im Kern bis auf vorchristliche Zeit zurückgehenden Staatsdoktrin: das beste Instrument, um die Herrschaft einer neuen Dynastie zu legitimieren.

Danach oblag es dem Kaiser, der sich als «Sohn des Himmels» verstand, die Harmonie zwischen der Menschheit und dem Kosmos zu gewährleisten. Sein Autoritätsanspruch erstreckte sich demnach nicht nur auf ein durch politische, militärische oder kulturelle Grenzlinien umrissenes Territorium, sondern – zumindest im Prinzip – auf die ganze Welt: lediglich abgestuft nach dem Ausmaß, in dem sich die einzelnen Länder und Völker seinem konfuzianisch geprägten Hegemoniestreben unterwarfen. Als Regent über das Reich der Mitte demonstrierte er also im Grunde nur einen Teil seiner Machtfülle.

Der autoritären Ordnung des Staates entsprach in vielerlei Hinsicht die Familie, innerhalb derer die Privilegien und Pflichten der einzelnen Mitglieder klar geregelt und hierarchisch gestaffelt waren. Anders als die Stellung, die das Oberhaupt einer Verwandtschaftsgruppe innehatte, war das «Mandat des Himmels», auf das sich der Kaiser stützte, jedoch stets gefährdet; denn Naturkatastrophen, Hungersnöte, feindliche Verwüstungen, Aufstände, unglückverheißende Vorzeichen oder das Ausbleiben von Tribut konnten jederzeit als Zeichen für den Entzug des Herrschaftsauftrags – und damit als Legitimation für die Errichtung einer neuen Dynastie – bewertet werden.

Gefahr drohte vor allem aus dem Norden. Dort zeigt schon die *Große Mauer*, die ihren heutigen Charakter eines nahezu lückenlosen, massiven Bauwerks freilich erst während des 16. Jahrhunderts erhalten sollte, eine eher defensive Strategie an. Sie war aber keineswegs eine unüberwindliche Barriere, so dass der Hof, der dem Ansturm der Steppenvölker militärisch oft nichts entgegenzusetzen hatte, auf andere Konzepte und Initiativen angewiesen war: in erster Linie die großzügige Verteilung von Geschenken, die Verleihung wohlklingender Titel und die Verheiratung von Prinzessinnen. Die wichtigste Brücke zur

Überwindung der wirtschaftlichen, politischen und kulturellen Gegensätze war indes ein geregelter Handel. Dabei bot die *Große Mauer* dem Staat die Möglichkeit zur Kontrolle und Regulierung der Warenströme; insofern waren die Tore in den meisten Phasen der Geschichte mindestens ebenso wichtig wie das Bollwerk.

Der Süden wurde hingegen als mehr oder minder «natürliches» Expansionsgebiet betrachtet, dessen angestammte Bevölkerung man folgenlos in immer entlegenere – und unwirtlichere – Regionen abdrängen konnte. Um den Erschließungsaufwand möglichst gering zu halten, bedienten sich die Behörden zunächst auch gerne einheimischer Führungskräfte, denen man innerhalb ihres Territoriums weitgehend freie Hand ließ, solange sie die Oberhoheit des Kaisers anerkannten.

Dadurch wurden Pufferzonen geschaffen, die einen gewissen Sicherheitsabstand zu jenen widerborstigen «Barbaren» herstellten, denen man die Segnungen der chinesischen Zivilisation noch nicht vermitteln zu können glaubte. Der Umfang kostenintensiver militärischer Interventionen ließ sich dadurch deutlich reduzieren, und mit einem Bruchteil der dadurch frei werdenden Mittel und einigen Beratern konnte eine Umarmungstaktik umgesetzt werden, die höchst effizient auf eine «freiwillige» Reduktion politischer und kultureller Eigenständigkeit abzielte. Eine zunehmende Zahl zuwandernder Händler und Bauern beschleunigte dann später den Sinisierungsprozess, bis schließlich – nicht zuletzt aus fiskalischem Interesse – von der Zentralregierung entsandte Beamte nachrückten.

Dort, wo Staaten mit weitreichender Hoheitsgewalt angrenzten, hing die Umsetzung des Hegemonieanspruchs von der jeweiligen Stärke des Reiches und seines Oberhauptes ab. Allerdings profitierte nicht nur der «Sohn des Himmels» von geregelten Beziehungen. Auch für die in den Nachbarländern regierenden Potentaten war die Anerkennung des Kaisers als Oberhaupt der zivilisierten Welt von Vorteil; denn die oft lediglich nominelle Unterordnung bewirkte umgekehrt die Legitimierung und den Schutz der eigenen Position. In das darauf aufbauende Bündnisnetz – zwischen Herrschern, nicht zwischen Staaten –

waren vor allem solche Dynastien eingebunden, die sich schon seit längerer Zeit an den Normen chinesischer Kultur orientierten: namentlich in Korea, Vietnam und den Ryukyu-Inseln, in modifizierter Form auch in Japan.

Als anpassungsfähig und flexibel erwies sich das Reich der Mitte vor allem, wenn es galt, Kontakte mit fernen Ländern zu pflegen: etwa im Rahmen der großen See-Expeditionen, die im 15. Jahrhundert in den Indischen Ozean vordrangen und bis an die ostafrikanische Küste gelangten. Zwar befanden sich auf den Schiffen auch bewaffnete Einheiten, doch waren die Kommandeure nur höchst selten willens, Gewalt anzuwenden. Überdies wurden die einheimischen Herrscher im Allgemeinen nicht durch Machtdemonstrationen von der Notwendigkeit überzeugt, den kaiserlichen Hegemonieanspruch anzuerkennen, sondern durch Gesten, die auf Harmonie angelegt waren. So hatten die Gesandtschaften kein Problem damit, auf der Arabischen Halbinsel die Bedeutung chinesischer Moscheen hervorzuheben und in Sri Lanka den Ruhm des Buddha zu preisen.

Zwar ist die chinesische Historiographie keineswegs frei von Arroganz, und manche Völker – wie etwa die Javaner – werden fast immer mit Abscheu und Hohn geschildert. Andererseits kann zuweilen durchaus Bewunderung anklingen; das gilt beispielsweise für die Beschreibung Roms, welche durch die im 5. Jahrhundert kompilierte *Geschichte der Späteren Han-Dynastie* überliefert ist:

Im Hinblick auf die Größe und die einheitliche Ordnung des Volkes steht jener Staat auf einer Stufe mit dem Reich der Mitte. […] Vom Charakter her sind die Leute außergewöhnlich rechtschaffen. Auf den Märkten gibt es einheitliche Preise; Getreide und [andere] Nahrungsmittel sind stets billig. Das Land ist geprägt von Reichtum und Überfluss. Gesandte aus Nachbarländern werden ab der Grenze mit Postpferden zur königlichen Hauptstadt gebracht, wo man sie mit Gold und Silber beschenkt. Der König wollte schon lange diplomatische Beziehungen mit dem Han [-Reich] anknüpfen. Die Parther wollten jedoch weiterhin [alleine] den Seidenhandel [mit Rom] betreiben; sie sperrten daher die Grenzen und ließen niemanden passieren.

Das Abbild Gottes

Ähnlich der chinesischen Oberschicht verfügten auch die Eliten in Byzanz über ein Sendungsbewusstsein, das sie vor allem von ihrer kulturellen Überlegenheit gegenüber den «Barbaren» ableiteten. Sie sahen sich in der Tradition des Hellenismus, der einst die Welt erobert hatte, und definierten sich primär über einen aus der Antike übernommenen Bildungsanspruch. Zuweilen bediente sich ihre Rhetorik jedoch allzu selbstgefällig aus diesem Erbe, so dass sich später – auch in Teilen der Wissenschaft – der Eindruck der Dekadenz festsetzte.

Die Überhöhung des Griechentums reichte freilich als ideologisches Fundament nicht aus. Daher sollten kräftige Anleihen beim römischen Prinzipat für die nötige Stabilität der politischen Rahmenbedingungen sorgen und zusammen mit christlichen Vorstellungen die Legitimation des Kaisers verbürgen. Das darauf aufbauende Selbstverständnis des Throninhabers bezog sich auf zwei Sphären: Zum einen war er von Gott auserwählt, als dessen irdischer Sachwalter über das byzantinische Reich zu regieren; zum anderen erstreckte sich sein Herrschafts- und Missionsauftrag aber – in der Nachfolge der Konzepte von *Orbis Romanus* und *Pax Romana* – auf den gesamten Erdkreis.

Das galt zumindest im Prinzip! In der Realität verhinderte jedoch nicht zuletzt der hellenische Dünkel das spontane Gefühl der Zugehörigkeit. In diesem Zusammenhang fehlte letztlich auch die soziale Durchlässigkeit, die es im frühkaiserzeitlichen Rom grundsätzlich auch jedem «Barbarenabkömmling» ermöglichte, das Bürgerrecht zu erwerben und sich mit den Normen und Werten des Reichs zu identifizieren. Das antike Imperium war zwar im Wesentlichen auf erfolgreiche Feldzüge, nicht auf verwirklichte Visionen zurückzuführen, doch gelang es ihm in seiner bodenständigen Robustheit weit besser als dem östlichen Nachfolgestaat, aus unterlegenen Völkern Verbündete zu machen.

Das byzantinische Sendungsbewusstsein scheint in der Spätzeit zudem nicht mehr mit dem nötigen Tatendrang einhergegangen zu sein. Dies zeigt die Aneinanderreihung politischer und militärischer Katastrophen, die den langwierigen Verfall des Reiches begleiten. Noch anschaulicher sind jedoch vielleicht die polemischen Bemerkungen, die Kekaumenos im 11. Jahrhundert über «kaiserliche Stubenhocker» unter den «Römern» (das bedeutet hier vornehmlich: unter den Byzantinern) machte:

Die Imperatoren und Kaiser der Römer haben immer so gedacht, wie ich es dir sage, ganz gleich ob sie von Rom oder von Byzanz aus regierten. [...] Bald weilten sie im Westen, bald im Osten; in Konstantinopel waren sie jedenfalls selten. Damals herrschte aber auch in allen Ländern Frieden: in ganz Europa, in Libyen und im schönsten Teile Asiens [...]. Armenien, Syrien, Phönizien, Palästina, Ägypten und gar das große und vielgepriesene Babylon waren den Römern untertan. Seither ist aber große Trägheit über die Menschen gekommen bzw. hat sich – besser [formuliert] – wie eine ansteckende Krankheit ausgebreitet. Dem Römischen Reich konnte darob nichts Gutes mehr widerfahren.

Der Befehlshaber der Gläubigen

In der islamisch geprägten Welt bezog sich der Herrschaftsanspruch ursprünglich vor allem auf die Gemeinschaft der Gläubigen. Nach sunnitischer Tradition fungierte dabei der Kalif («Nachfolger») als religiöses Oberhaupt aller Muslime und leitete seine Position von einer Deszendenzlinie ab, an deren Beginn der Prophet stand. Später wurde dieser universale Anspruch jedoch aufgegeben. Viele Befugnisse, die seine weltliche Autorität untermauerten, gingen de facto auf den Sultan («Herrscher») über, der – zumindest im Grundsatz – auf die Investitur angewiesen war und lediglich über ein bestimmtes Gebiet regierte.

Dennoch wurde immer wieder versucht, religiöse und politische Macht so miteinander zu verknüpfen, dass Ansehen und Durchsetzungskraft nicht umgehend durch Ränkespiele und Säbelgerassel unterminiert werden konnten. Eine Denkschrift aus dem 11. Jahrhundert schlägt daher die Einsetzung eines beide Positionen miteinander vereinenden Imams («Führers») vor und fasst dessen Aufgaben unter zehn Punkten zusammen: (1) Be-

Abb. 9: Karawanserei in Damaskus (Aufnahme aus dem 19. Jahrhundert).

wahrung der Grundzüge des Islam und Verhinderung unzulässiger Neuerungen; (2) Schlichtung von Streitfällen und Konflikten; (3) Gewährleistung der öffentlichen Sicherheit; (4) Aufsicht über die Rechtsprechung bei Hochverrat und Kapitalverbrechen; (5) Sicherung der Grenzen zu nichtmuslimischen Ländern; (6) Fortführung des heiligen Kampfes gegen die Ungläubigen; (7) Einzug der vorgeschriebenen Steuern; (8) Verteilung der Staatseinnahmen nach vernünftigen Kriterien; (9) Delegierung von Verwaltungsaufgaben an fähige und zuverlässige Mitarbeiter; (10) Einblick in alle wichtigen politischen Entscheidungsprozesse und Korrektur von Fehlentwicklungen. Durchsetzen ließen sich diese Vorstellungen freilich nicht.

Ebenso wie Oberhäupter anderer muslimischer Dynastien führten die Sultane im Osmanischen Reich auch den Titel Kalif; erst im 18. Jahrhundert verbanden sie jedoch damit wieder den Anspruch auf Universalität: in erster Linie, um eine ideologische Grundlage für die Umsetzung weiträumiger panislamischer Visionen zu schaffen. Bis dahin ließen sie sich bevorzugt als «Diener der heiligen Orte» bezeichnen; denn die Herrschaft über Mekka und die Patronage über die Pilgerfahrt waren wohl – wie schon zu Zeiten der Omayyaden (661–750 in Damaskus), Abbasiden (750–1258 in Bagdad) und Mamluken (1250–1517 in Kairo) – die besten Garanten einer umfassenden Legitimation.

Der *Hadsch* ist eine der fünf Säulen des Islam. Durch den Koran ist nämlich jeder volljährige freie Muslim, der physisch und finanziell dazu in der Lage ist, dazu angehalten, wenigstens einmal im Leben eine Wallfahrt nach Mekka zu unternehmen: auch wenn er in einem fernen Land lebt und die Anreise lange und gefährlich ist. Der Schutz der Pilgerwege, die in nicht unbeträchtlichem Umfang in das Routennetz der Seidenstraße eingebunden waren, gehörte somit zu den vordringlichsten Aufgaben eines weithin respektierten Herrschers. Entsprechend wichtig war die Aufrechterhaltung weitreichender Einflusszonen; denn nur wenn Sicherheit, Versorgung und Transport durch ein kompliziertes Zusammenspiel von Absprachen, Gunstbeweisen und Drohgebärden gewährleistet waren, konnte der *Hadsch* zum Erfolg werden: nicht nur für den einzelnen Pilger, sondern auch für den jeweiligen «Befehlshaber der Gläubigen».

Im Übrigen war Mekka nicht nur ein Ort frommer Kontemplation, sondern auch ein wichtiger Handelsplatz. Nicht nur Kaufleute nutzten ihre Chance. Auch viele Pilger boten Waren feil, die sie mitgebracht hatten, um ihre Reisekosten zu decken; umgekehrt wurden bevorzugt solche Produkte erworben, die sich nach der Rückkehr teuer weiterverkaufen ließen. Vor allem seltene Luxusartikel wechselten dabei den Besitzer. Selbst chinesisches Porzellan gelangte in so großen Mengen in die Stadt, dass es zum bevorzugten Geschenk der einheimischen Nobilität wurde. Überschwenglichen Dank löste die Gabe nicht immer aus. So zögerte ein zu Besuch weilender osmanischer Wesir nicht, ein Service von mehr als tausend Einzelteilen von seinen Pferden zertrampeln zu lassen, weil sein Gastgeber bei der Übergabe nicht die nötige Etikette eingehalten hatte.

Der Weltenherrscher

Bei dem Versuch, Weltreiche zu identifizieren, fallen dem gebildeten Europäer vermutlich die verschiedensten Vorschläge ein. Mehrheitlich würden sie sich aber wohl auf die eigene Geschichte vom *Imperium Romanum* bis hin zum *British Empire* besinnen. Die Einbeziehung des mongolischen Großkhanats wäre indes wohl eher die Ausnahme, verbinden doch heute noch viele Menschen damit primär die Vorstellung von meuchelnd durch die Steppe ziehenden Horden und nicht die Schaffung eines geordneten Staatswesens.

Zwar ist die Assoziation mit «verfluchten, garstigen und abscheulichen Völkern» nicht völlig von der Hand zu weisen; denn die ostentative Anwendung von Gewalt war sicherlich eine der zentralen Strategien der Mongolen. Dennoch darf nicht übersehen werden, dass es im Verlauf der Geschichte keinem anderen Reich – auch nicht der Sowjetunion – gelang, ein derart riesiges geschlossenes Territorium unter seine Kontrolle zu bringen und jenen Frieden zu garantieren, der unter dem Begriff *Pax Mongolica* bekannt ist. Immerhin reichte das Herrschaftsgebiet vom Chinesischen Meer bis zur Ostsee und umfasste auf einer Fläche, die etwa siebzigmal so groß war wie das heutige deutsche Staatsgebiet, beinahe das gesamte landgestützte Routennetz der Seidenstraße.

Diese Größe erhielt das Reich zwar erst einige Jahrzehnte nach dem Tod des Dschingis-Khan (1227), doch wäre es ohne seine erfolgreichen Eroberungszüge und gesellschaftlichen Neuerungen nie zustande gekommen. Ihm war es nämlich gelungen, überkommene Hierarchien aufzubrechen und eine Ordnung zu schaffen, in der die soziale Stellung nicht mehr durch die Abstammung geregelt wurde, sondern durch Leistung und Verdienst. Zwar waren die Angehörigen des Herrscherhauses von diesem Grundsatz ausgenommen, doch war der Khan seinerseits gehalten, den zur Loyalität verpflichteten Gefolgsleuten eine angemessene Fürsorge angedeihen zu lassen.

Ohne Rücksicht auf die jeweilige Herkunft konnten nach diesem Prinzip nicht nur Einzelpersonen oder Grüppchen eingegliedert werden, sondern auch ganze Völker. Denn trotz mancher Verordnungen, die die Trennlinien zwischen den ethnischen Gruppen – und vor allem die Exklusivität der Mongolen – in den Vordergrund rückten, galten die Unterschiede von Sprache, Kultur und Sozialstruktur im Allgemeinen nur als graduelle Integrationshindernisse. Wer sich widersetzte, wurde freilich brutal niedergemacht; denn die von Dschingis entwickelte Strategie zielte auf den völligen Sieg über den Feind ab, nicht mehr nur auf eine rasche Beute. So sorgten nicht nur die Möglichkeit einer vergleichsweise unkomplizierten Integration und die Perspektive des sozialen Aufstiegs für Zulauf, sondern auch der Psychoterror, der von einer stetigen Demonstration der Übermacht ausging.

In der nachfolgenden Generation wurden dann schließlich die administrativen Grundlagen geschaffen, die dem wachsenden Reich Dauer garantieren sollten. Im Kontext der Seidenstraße war die Ausgabe von Papiergeld dabei ebenso wichtig wie der Ausbau von Versorgungseinrichtungen: insbesondere die Errichtung von Brunnen und Speichern. Vollkommen neue Maßstäbe setzte indes – auch wenn die folgende Schilderung Marco Polos ein wenig übertreibt – die Schaffung eines Kurierdienstes mit umfassender Infrastruktur und bis dahin nicht bekannter Schnelligkeit.

An jeder der großen Hauptstraßen sind im Abstand von fünfundzwanzig oder dreißig Meilen […] Stationen zur Unterkunft und Verpflegung von Reisenden zu finden. […] Dort stehen jeweils vierhundert tüchtige Pferde bereit, damit alle Boten des Großkhans und alle Gesandten dort einkehren und ihre Pferde wechseln können. Sogar in den unbesiedelten Gebirgen […] abseits der großen Landstraßen gibt es solche Stationen. Die Menschen, die auf Weisung des Großkhans dort leben, haben das Land zu bestellen und den Postdienst zu verrichten. […] Nicht weniger als 200 000 Pferde stehen für die Kuriere zur Verfügung, und 10 000 Gebäude sind mit den nötigen Einrichtungen ausgestattet. […] Auf dem Weg zwischen den erwähnten Poststationen sind alle drei Meilen kleine Dörfer mit etwa vierzig Hütten errichtet, in denen die Eilboten leben, die im Dienste des

Großkhans stehen. Da an ihren Gürteln mehrere kleine Glöckchen hängen, kann man ihr Kommen schon von weitem hören, auf dass sich der Kurier im nächsten Dorf bereithält, um das Paket zu übernehmen und damit davonzupreschen.

Trotz derartiger Maßnahmen zerbrach das Imperium relativ rasch: vor allem weil es nicht gelang, die durch militärische Erfolge und persönliches Charisma legitimierte Herrschaft mit Institutionen in Einklang zu bringen, die man von den bürokratischen Strukturen der organisatorisch mehrheitlich völlig anders ausgerichteten unterworfenen Staaten entlehnt hatte. Zudem fehlte eine elaborierte Staatsdoktrin ebenso wie ein festgefügtes Weltbild, so dass die Autorität des «ozeangleichen Khans des mächtigen großen Volkes» (so die Formulierung in einem Brief von Güyük an Papst Innozenz IV.) nicht dauerhaft verankert werden konnte.

Zwischen Autonomie und Despotie

Ohnehin blieb die Schaffung eines derartig riesigen Reiches der spektakuläre Einzelfall. Ansonsten war Zentralasien weitgehend geprägt von kleineren regionalen Einheiten, deren Bewohner ihre Identität in mehr oder minder stoisch ertragener Abhängigkeit von häufig wechselnden Mächten zu bewahren suchten. Territoriale Geschlossenheit war hierfür keine Voraussetzung, und auch Stadtstaaten – bzw. lose Verbünde davon – konnten sich als erstaunlich langlebig erweisen.

Dies zeigt beispielsweise die Geschichte Sogdiens. In dem zwischen Amudarya und Syrdarya gelegenen Gebiet betrieb man in großem Umfang Ackerbau, wofür schon früh ausgeklügelte Bewässerungssysteme eingesetzt wurden. Für Jahrhunderte mindestens ebenbürtig war indes die Bedeutung des Handels.

Als geradezu legendär galt der Geschäftssinn der Bevölkerung, weswegen das Ethnonym «Sogdier» im fernen Khotan auch als allgemeiner Begriff für Kaufleute jedweder Herkunft verwendet wurde. Um ihre unternehmerischen Fähigkeiten ranken sich folglich allerlei Überlieferungen, und auch die Chinesen wurden zu mancher phantasievollen Beschreibung angeregt:

Abb. 10: Ruinen der Stadt Jiaohe in der Oase Turfan.

Mütter geben ihren Kindern Zucker zu essen in der Hoffnung, dass ihre Worte später süß würden; sie streichen ihnen Kleister auf die Handflächen, damit [von ihnen berührte] Kostbarkeiten [daran] haftenblieben. Diese Leute sind geschickte Kaufleute. Mit fünf Jahren werden die Knaben zum Studium der Bücher angehalten; sobald sie diese verstanden haben, folgt das Erlernen der Handels[praxis].

Einen Eindruck von dem urban geprägten Lebensstil, der dadurch ermöglicht wurde, vermitteln in erster Linie die architektonischen Hinterlassenschaften. Denn nicht nur die Relikte des Herrscherpalastes, der im 8. Jahrhundert auf der Zitadelle von Pendschikent (im heutigen Tadschikistan) errichtet wurde, zeugt von enormem Selbstbewusstsein, sondern auch zahlreiche Privathäuser, die ihm in der Ausstattung kaum nachstehen. Die archäologischen Befunde spiegeln damit eine politische Ordnung wider, die allerdings in Sogdien nur dann zur Blüte gelangte, wenn das Gebiet nicht – wie so oft in der Geschichte – von expandierenden Nachbarn unterjocht wurde. In diesen Phasen erhielten nämlich die einzelnen Städte ein hohes Maß an Autonomie und die Angehörigen der Nobilität ein weitreichendes Mitspracherecht: bis hin zur Wahl des Oberhaupts.

Aber auch in Zeiten der Fremdherrschaft gelang es den Sogdiern meist, jenes Mindestmaß an Flexibilität zu bewahren, das für ihre Bewegungsfreiheit, den individuellen wirtschaftlichen Erfolg und die Prosperität der Region Voraussetzung war.

In mancherlei Hinsicht vergleichbar war die Ausgangslage in jenen Oasen, die in den Randzonen von Gobi und Taklamakan lagen. Dennoch war – um nur ein Beispiel anzuführen – der Staatsaufbau in Kocho deutlich stärker von autokratischen Strukturen geprägt, und es wurde für beinahe jede Entscheidung die Zustimmung des Fürsten vorausgesetzt. Zudem war die Orientierung am Reich der Mitte selbst in jenen Zeiten nicht zu leugnen, in denen sein Hegemonialanspruch jeder Sanktionsmöglichkeit entbehrte. Dies veranschaulichen bis heute nicht zuletzt die Ruinen mehrerer Stadtanlagen, die sich in ihrer Ausrichtung, Axialität und Untergliederung eng an chinesische Vorbilder anlehnen.

In der südostasiatischen Inselwelt gab es durchaus Gesellschaften, die ohne zentrale Führungsinstanzen auskamen und sich als weitgehend egalitär charakterisieren lassen. Gerade bei jenen Völkern, die durch ihre Handelsaktivitäten bekannt sind – wie etwa den Buginesen, Makassarern oder Malaien –, stellt sich die Situation jedoch anders dar. Soweit sich dies zurückverfolgen lässt, wurden die wesentlichen wirtschaftlichen, sozialen und religiösen Aktivitäten jeweils von relativ kleinen Führungseliten koordiniert. Und dies ist sicherlich nicht erst Folge europäischer Kolonialpolitik, obschon die fremden Herrscher zweifellos dazu beigetragen haben, Zentralisierungstendenzen zu verstärken. Dauerhafter war wohl der Einfluss, den buddhistische, hinduistische und muslimische Staatskonzepte in sehr viel früherer Zeit ausgeübt haben.

Man sollte also die Bedeutung der Religion bei der Schaffung, Aufrechterhaltung und Rechtfertigung von Machtpositionen nicht unterschätzen; denn auch im chinesischen oder mongolischen Staatskult, wo der konkrete Gottesbezug fehlte, war der Herrschaftsanspruch letztlich kosmisch begründet. Das Entstehen von hierarchisch gegliederten Reichen wird dadurch freilich noch nicht erklärt. Man sollte indes auch auf monokausale Erklärungsmodelle verzichten. Dieses schließt das Postulat der sogenannten orientalischen Despotie ein, dem zufolge die Regulierung der Flüsse zur Abwehr von Flutkatastrophen und zur Bewässerung der Felder eines administrativen Aufwands bedurft hätte, der nur mehr von einem regelrechten Unterdrückungsapparat hätte organisiert werden können.

5. Handel und Tribut

Bedenkt man, dass die Seidenstraße in erster Linie ein Netz von Handelsrouten war, dann sind die Erkenntnisse, die wir über die kommerziellen Aktivitäten an deren Knotenpunkten haben, erschreckend unpräzise. Lediglich für einzelne Regionen lassen sich die Transaktionen zuweilen solide rekonstruieren und auch dann zumeist nur innerhalb eines eng gesteckten zeitlichen Rahmens. Im Hinblick auf die weiträumige Verknüpfung der einzelnen Unternehmungen besteht hingegen fast durchweg ein enormes Informationsdefizit: weniger auf der theoretischen Ebene, auf der insbesondere die Protagonisten eines umfassenden «Weltsystems» ihre Modelle durchspielen, denn im Bereich der Faktenanalyse, in welcher die historischen Zusammenhänge zwischen bezeugten Ereignissen ausgelotet werden.

Die Kaufleute

Nur vergleichsweise wenige Quellen weisen einen entsprechenden Alltags- und Praxisbezug auf. Daher sei hier das Handbüchlein von Francesco Balducci Pegolotti hervorgehoben, in welchem die Strategien geschildert werden, die ein europäischer Händler kennen musste, wenn er im 14. Jahrhundert nach China reiste:

Zuerst musst Du Dir einen langen Bart wachsen lassen und [ganz] auf das Rasieren verzichten. Wenn Du in Tana [einer Stadt nahe der Mündung des Don] Dolmetscher einstellst, solltest Du nicht sparen; denn die zusätzlichen Kosten für einen guten [Mitarbeiter] sind geringer als die Einsparungen, die er [durch die Qualität seiner Arbeit] erbringt. Darüber hinaus wäre es empfehlenswert, wenigstens zwei gute Burschen mitzunehmen, die Komanisch [eine türkische Sprache] beherrschen. Wenn der Kaufmann eine Frau aus Tana mit sich führen will,

Abb. 11: Textilienhändler im Basar einer usbekischen Stadt (Aufnahme um 1900).

dann kann er dies tun. Nötig ist dies zwar nicht unbedingt, aber doch vergleichsweise annehmlich. Auch sie sollte freilich wie die Burschen mit der komanischen Sprache vertraut sein. Für [den Weg] von Tana nach Gittarchan [Astrachan] solltest Du Dich mit Proviant für 25 Tage versorgen, d. h. mit Mehl und gesalzenem Fisch; denn ausreichend Fleisch wirst Du überall entlang des Wegs auftreiben. Entsprechend ist in allen [wichtigen] Haltepunkten auf der Reise von einem Land zum anderen zu verfahren. […] Du kannst davon ausgehen, dass ein Kaufmann, der von einem Dolmetscher und zwei Burschen [begleitet wird] und Waren im Wert von 25 000 Goldflorinen [mit sich führt], auf dem Weg nach Ghattajo [China] zwischen 60 und 80 Silbersommi [umgerechnet zwischen 300 und 400 Goldflorinen] auszugeben hat. Nicht mehr, wenn er gut wirtschaftet! […] Alles Silber, das die Kaufleute mit sich nach China führen, lässt der dortige Herrscher konfiszieren und seiner Schatzkammer zuführen. Anstelle des mitgebrachten Silbers erhalten sie Geldnoten, d. h. gelbes Papier, welches mit dem Siegel dieses Herrschers versehen ist.

Neben solchen Hinweisen enthält der Ratgeber eine ganze Reihe von Aufstellungen: darunter Listen der gebräuchlichen Gewichte, Packungsgrößen und Währungen sowie Verzeichnisse der Abgaben und Gebühren, die auf den jeweiligen Umschlagplätzen zu entrichten waren. Vor allem kann man das weite Spektrum an Waren erahnen, das auf den Märkten zwischen dem Don und dem Huanghe angeboten wurde: vom Damast bis zum Zobelpelz, vom Honig bis zum Wein.

Im Übrigen ermahnt Pegolotti seine Kollegen zu Redlichkeit und Offenheit. Vereinbarungen sollten nach seiner Auffassung auch dann eingehalten werden, wenn das Streben nach Gewinn andere Optionen nahelegt. Dennoch ist kaum anzunehmen, dass sich die Händler allenthalben jener Beliebtheit erfreuten, welche ein Text preist, der einige Jahrhunderte zuvor in der Oase Turfan verfasst worden war:

Unablässig […] pflegen die Kaufleute den Handel und bringen Nutzen. […] Von Ost nach West ziehen sie umher, um Deine Wünsche zu erfüllen. Zehntausend Schätze, die Wunder der Welt, führen sie mit sich. […] So sind alle Kaufleute. Schließe Dich ihnen an! Halte das Tor für sie offen!

Chinesische Luxusgüter

Chinas wichtigstes Exportgut war jenes Material, das dem Verkehrsnetz den Namen gab: die Seide. Unter diesem Begriff werden im Allgemeinen Gewebe zusammengefasst, deren Fäden aus den Drüsensekreten hergestellt werden, welche beim Verpuppen verschiedener Schmetterlingsarten entstehen. Eine besonders hochwertige Qualität garantiert dabei der Seidenspinner (*Bombyx mori*), der sich im Raupenstadium bevorzugt von den Blättern des Weißen Maulbeerbaums (*Morus alba*) ernährt und in China lange vor der Gründung des Kaiserreichs domestiziert wurde. Die Feinheit des Fadens lässt sich vielleicht am besten an dessen Gewicht ermessen, das bei einer Länge von über neun Kilometern weniger als drei Gramm beträgt.

Allerdings sind noch einige Arbeitsschritte nötig, bis die Textilien auf dem Webstuhl Gestalt annehmen: angefangen mit dem Kochen der Kokons (zum Abtöten der Puppen) über das Haspeln (das Zusammenführen von Fäden zu dickeren Strängen) bis hin zum Entbasten (der Befreiung vom Seidenleim). Die Pa-

Abb. 12: Lasttier am Fuß der Berge
(Umzeichnung nach einer Wandmalerei in Dunhuang).

lette an Stoffen schloss bereits im China der Han-Dynastie Samit, Gaze, Krepp, Damast und Brokat ein; Muster wurden im Wesentlichen durch die Verwendung unterschiedlich eingefärbter Fäden sowie durch nach dem Webvorgang aufgebrachte Drucke oder Stickereien erzielt.

Spätestens in der Zeit um Christi Geburt gelangte die Seide auch in größerem Umfang nach Westasien, Nordafrika und Europa; besonders eindrucksvoll sind etwa die Hinterlassenschaften aus Palmyra (im heutigen Syrien). Zwar verweisen einzelne archäologische Funde auf eine deutlich frühere Verbreitung, doch sind Hinweise darauf, dass Textilien aus dem fernen Osten bereits in der ersten Hälfte des 1. Jahrtausends v. Chr. bis nach Ägypten, in die Ägäis und nach Süddeutschland gelangten, heftig umstritten. Im Übrigen ist auch die durch verschiedene Überlieferungsstränge genährte Vorstellung eines erst nach vielen Jahrhunderten durch «Industriespionage» durchbrochenen Monopols der Seidenherstellung kaum haltbar.

In welchem Umfang die Moden im Rom der frühen Kaiserzeit von der Verwendung der Seide geprägt wurden, zeigt zum einen die zunehmende Spezialisierung der mit dem Luxusprodukt befassten Kaufleute (*sericopoipoi*, *sericarioi*, *negotiatores sericarii*). Zum anderen überliefern aber auch die Bemerkungen namhafter Denker – darunter Horaz, Sueton, Tacitus und Cassius Dio – den Stellenwert des nicht zuletzt wegen seiner Transparenz beliebten Stoffes. Allerdings wurde der Blick der Dichterheroen nicht immer nur von Wohlgefallen gelenkt, wie die folgende Polemik Senecas zeigt:

Ich sehe seidene Gewänder – wenn sie die Bezeichnung Gewänder überhaupt verdienen –, an denen nichts ist, womit man entweder den Körper oder überhaupt die Scham schützen kann. Wenn eine Frau sie anlegt, wird sie mit gutem Gewissen behaupten, sie sei nicht nackt. Diese [Seidengewänder] werden für einen riesigen Betrag von Völkern herbeigeschafft, die für ihren Handel nicht bekannt sind: [nur] damit unsere Frauen der Öffentlichkeit genausoviel von sich zu sehen geben wie den Ehebrechern im Schlafzimmer.

Die Mahnung verfehlte freilich die angestrebte Wirkung, und Sittenstrenge kann wohl kaum unter die Charakteristika gezählt werden, die die darauffolgenden Jahrhunderte kennzeichneten. Auch die Begehrlichkeit nach Seide nahm eher noch zu. Ob indes jene Historiker recht haben, die die ungezügelte Nachfrage nach dem teuren Luxusgut für den wirtschaftlichen Niedergang – oder gar für den Zusammenbruch des Reiches – verantwortlich machen, muss füglich bestritten werden. Ganz davon abgesehen, dass das Gewebe auch dann noch einen entsprechenden Absatz fand, als Orient und Okzident vornehmlich durch die Dominanz von Islam und Christentum definiert wurden. So soll der abbasidische Kalif Harun ar-Raschid bei seinem Tod im Jahre 809 nicht nur Waffen, Schmuck und Duftessenzen hinterlassen haben, sondern insbesondere Textilien: darunter zahllose Gewänder sowie Unmengen von Kissen, Vorhängen und Teppichen aus Seide.

Auf der Nachlassliste finden sich übrigens auch «eintausend Gefäße aus China». Vermutlich handelte es sich dabei – ebenso wie bei den in Samarra (im heutigen Irak) ausgegrabenen Keramiken der Tang-Zeit – um Steinzeug; denn Porzellan wurde damals im Reich der Mitte nur in äußerst geringem Umfang hergestellt, und seine Verwendung war eigentlich dem kaiserlichen Hof vorbehalten. Die damalige Zurückhaltung bei der Ausfuhr des «weißen Goldes» bestätigt auch die Ladung eines im 9. Jahrhundert unweit der Westküste von Borneo gesunkenen Schiffs, dessen Heimathafen wahrscheinlich am Persischen Golf lag. Denn bei der Bergung des Wracks stieß man zwar auf nicht weniger als 67 000 qualitativ meist hochwertige Tongefäße, aber auf kein einziges Objekt aus Porzellan: streng genommen nur jener bei hoher Temperatur gebrannten Ware aus Kaolin, Feldspat und Quarz, die sich durch einen weißen, lichtdurchlässigen und klingenden Scherben auszeichnet.

Eigens für den Export in die jenseits des Indischen Ozeans gelegenen Regionen wurde Porzellan anscheinend nicht vor der Ming-Dynastie produziert. Aus dieser Zeit stammt auch die Mehrzahl der Stücke, die bei Ausgrabungen in Nord- und Ostafrika zutage gefördert wurden. Dort waren sie wohl ursprünglich ebenso materieller Ausdruck von Prestige wie in den Schlössern des französischen Adels, den Häusern niederländischer Kaufherren und den Palästen des Osmanischen Reichs. Oft wurden die Schalen, Teller und Kannen auch Bestandteile bedeutender Sammlungen, wobei die aus mehr als 10 000 Objekten bestehende Kollektion hervorsticht, die seit dem 15. Jahrhundert von den Sultanen in Istanbul angelegt wurde.

Für eine enorme Steigerung der Ausfuhrzahlen sorgten ab dem 17. Jahrhundert die europäischen Handelsnationen: allen voran die Holländer und Briten. So enthielt beispielsweise 1756 eine einzige Bestellliste der niederländischen Ostindienkompanie unter anderem folgende Einträge: 100 Fischplatten, 200 Suppenschüsseln, 8000 Bouillontassen, 1000 Teekannen, 194 000 verschiedenformatige Kaffee- und Schokoladetassen sowie 1400 Milchkännchen. Die größte Nachfrage bestand damals nach der im Reich der Mitte selbst weit weniger beliebten Blauweiß-Ware, bei welcher der Dekor vor der Glasur und dem Brennen mit Kobalt aufgetragen wurde: ein Verfahren, für das sich die chinesischen Manufakturen im Übrigen die Techniken persischer Handwerker zum Vorbild genommen hatten.

Annähernd zeitgleich wuchs in Europa das Interesse am Tee, den man zunächst vor allem als Arznei schätzte. Trotz eines entsprechend stolzen Preises wuchs der Konsum insbesondere in der ersten Hälfte des 18. Jahrhunderts dramatisch, und in England wurde beispielsweise die zweihundertfache Menge der vorangegangenen fünfzig Jahre importiert. Ohne Einbeziehung der Schmuggelware! Von den mehr als 50 Sorten, die auf dem chinesischen Markt erhältlich waren, wurden allerdings nur wenige von den Mitarbeitern der Handelskompanien aufgekauft: in erster Linie in den Küstenregionen Fujian und Guangdong, die dadurch einen entsprechenden Zufluss an Silber erhielten. Dagegen stammte der Tee, den die «Barbaren» Zentralasiens – neben Papier, Musikinstrumenten und Arzneimitteln – für ihre Pferdelieferungen erhielten, großenteils aus der an Tibet grenzenden Provinz Sichuan.

Exotisches für das Reich der Mitte

Der Rhythmus der chinesischen Geschichte wird nicht zuletzt durch zwei in stetigem Wechsel dominierende Strategien bestimmt, die entweder auf die Öffnung oder die Abschottung des Reichs abzielten. Analog dazu boten sich auch zwei ökonomische Alternativen an: eine offensive Handelspolitik oder ein restriktiver Wirtschaftskurs. Setzte sich die letztgenannte Option durch, dann fiel dem Kaiser die Rolle eines Vorbildes zu, das sich – glaubt man einer Denkschrift aus dem 1. Jahrhundert v. Chr. – weder auf «extravagante Kleidung» noch auf «exotische Güter» kaprizieren sollte. Selbst in jenen Phasen, in denen die Verfechter einer rigorosen Autarkie bei Hofe obsiegten, funktionierte die Abkapselung jedoch bestenfalls auf der offiziellen Ebene, und Einfuhrbeschränkungen bewirkten im Allgemeinen nur eine rapide Zunahme der Schmuggelaktivitäten. Denn der Bedarf an fremdländischen Produkten blieb unvermindert groß.

Die von Zhao Rugua zusammengestellte Liste berücksichtigt indes nur jene Produkte, die über den maritimen Handel nach China gelangten. Sie ist aber selbst bei dieser eingeschränkten

Abb. 13: Lastkarawane auf einer aus dem 12. Jahrhundert stammenden Brücke bei Isfahan.

Perspektive keineswegs lückenlos, und bezieht man die Landrouten mit ein, ist der Ergänzungsbedarf noch weitaus größer. So müssten beispielsweise bei den Schmucksteinen zumindest Lapislazuli, Karneol, Malachit, Gagat, Bergkristall, Jade, Diamanten und Bernstein nachgetragen werden, und bei den Metallen wäre unter anderem auf Gold, Silber, Kupfer, Zinn, Zink und Blei zu verweisen.

Auch die zahllosen Tiere sollten nicht übersehen werden, die für Chinas Parks, Koppeln und Gehege bestimmt waren: neben Pferden, Kamelen, Eseln und seltenen Ziegen auch Löwen, Leoparden, Elefanten, Giraffen und Gazellen sowie Falken, Pfauen, Strauße und Papageien. Von vielen Löwen und Leoparden gelangten freilich nur noch die Felle an die Bestimmungsorte, ähnlich wie bei Zobel, Hermelin, Marder, Seehund, Murmeltier und Hirsch.

Produkt	Erläuterung	Herkunft (z. B.)
Kampfer	Öl von *Cinnamomum camphora*	Borneo
Weihrauch	Harz von *Boswellia sacra*	Arabien
Myrrhe	Harz von *Commiphora sp.*	Arabien
Drachenblut	Harz von *Daemonorops draco*	Arabien
Benzoe	Harz von *Styrax benzoin*	Kambodscha
Dammar	Harz von *Shorea wiesneri*	Kambodscha
Storax	Harz von *Liqidamabar orientalis*	Arabien
Gardenien	Getrocknete Blüten von *Gardenia sp.*	Arabien
Rosenwasser	Essenz aus den Blättern von *Rosa sp.*	Arabien
Adlerholz	Harz von *Aquilaria sp.*	Kambodscha
Sandelholz	*Santalum album*	Timor
Gewürznelken	Knospen von *Syzygium aromaticum*	Arabien
Muskatnuss	Endosperm von *Myristica fragrans*	Molukken
Lakaholz	Tanarius major	Sumatra
Jackfrucht	*Artocarpus sp.*	Java
Betelnuss	Same von *Areca catechu*	Hainan
Kokosnuss	Frucht von *Cocos nucifera*	Indien
Eichengalle	Gewebewucherung von *Quercus sp.*	Arabien
Ebenholz	*Diospyros sp.*	Vietnam
Sappan	Farbstoff aus *Caesalpina sappan*	Kambodscha
Baumwolle	Fasern von *Gossypium sp.*	Java
Matten	nicht näher bestimmte Faserpflanze	Sumatra

Erwähnenswert sind schließlich noch manche mehr oder minder exotische Nahrungsmittel wie Datteln, Safran, Lotus, Wasserlilie, Weintrauben und Pistazien; zu besonderer Berühmtheit gelangten die «goldenen Pfirsiche aus Samarkand».

Selbst der von Zhao Rugua am besten dokumentierte Bereich – Gewürze, Arzneimittel und Farbsubstanzen – müsste um zahllose Erzeugnisse ergänzt werden. Allerdings erheben auch die in der folgenden Zusammenstellung zusätzlich erfassten Artikel keineswegs den Anspruch auf Vollständigkeit; sie sollen lediglich eine bessere Vorstellung von der Vielfalt der importierten Waren vermitteln:

Kardamom (Samen von *Amomum sp.*), Kurkuma (Wurzel von *Curcuma sp.*), Myrrhe (Harz von *Commiphora sp.*), Senf (Körner von *Sinapis alba*), Dill (Früchte u. Blätter von *Anethum gra-*

Produkt	Erläuterung	Herkunft (z. B.)
Kostuswurzel	Wurzel von *Aucklandia costus*	Arabien
Kardamom	Frucht von *Elettaria cardamomum*	Kambodscha
Pfeffer	Frucht von *Piper nigrum*	Indien
Pfeffer	Frucht von *Piper cubeba*	Java
Asant	Gummiharz der Wurzel von *Ferula sp.*	Arabien
Aloe	Blätter von *Aloe sp.*	Arabien
Koralle	Kalkskelett von *Corallium sp.*	Arabien
Glas		Arabien
Opal		Indien
Perlen		Sri Lanka
Muscheln	Größere Schalen unbest. *Conchifera*	Vietnam
Elfenbein	Stoßzahn von *Loxodonta africana*	Arabien
Nashorn	Nasenhorn von *Rhinoceros sp.*	Arabien
Zibet	Drüsensekret von *Viverra sp.*	Arabien
Eisvogelfedern	Federn versch. *Alcedinidae*	Kambodscha
Papageien	nicht näher bestimmte *Psittacidae*	Vietnam
Ambra	Absonderung von *Physeter catodon*	Arabien
Schildkröten	Panzer versch. *Cheloniidae* (?)	Borneo
Bienenwachs	Ausscheidungsprodukt von *Apis sp.*	Philippinen

Tab. 8: Handelsgüter, die über das Meer nach China gelangten, in einer Aufstellung von Zhao Rugua aus der Mitte des 13. Jahrhunderts (in der Reihenfolge ihrer Erwähnung).

veolens), Knoblauch (Zwiebel von *Allium sativum*), Sterkuliensamen (von *Sterculia scaphigera*), Betelpfeffer (Blätter von *Piper betle*), Opium (Milchsaft von *Papaver somniferum*), Brechnusssamen (von *Strychnos nuxvomica*), Röhrenkassie (Fruchtpulpe von *Cassia fistula*), Rizinusöl (aus den Samen von *Ricinus communis*), Chaulmugraöl (aus den Samen von *Hydnocarpus sp.*), Agar (verschiedene *Rhodophyta*), Pythongalle (Galle von *Python sp.*), Hirschgeweih (Stangen verschiedener *Cervidae*), Vogelnester (getrockneter Speichel von *Collocalia sp.*), Blauvitriol (Kupfersulfat), Schwefel (Sulfur), Azurit (blaues Mineral), Auripigment (gelbes Mineral), Malachit (grünes Mineral), Indigo (blaues Gärungsprodukt von *Indigofera arrecta*), Schellack (rotes Sekret von *Laccifer Lacca*), Gummigutt (*Garcinia morella*), Salharz (*Shorea robusta*).

Die chinesischen Einfuhrzahlen sind natürlich nicht singulär, und ähnliche Warenlisten lassen sich – bei unterschiedlicher Quantität und Qualität der Angaben – für eine ganze Reihe von Umschlagplätzen erstellen. Eine vergleichsweise solide Grundlage bietet nicht zuletzt das bereits zitierte Handbüchlein des Francesco Balducci Pegolotti. Die darin für die Märkte von Konstantinopel und Umgebung zusammengestellte Produktpalette zeigt im Übrigen viele Übereinstimmungen mit den Daten, die Zhao Rugua ein Jahrhundert zuvor für die chinesischen Hafenstädte erhoben hatte. Allerdings kommt am Bosporus, wenig überraschend, dem Import von Seidenstoffen eine größere Bedeutung zu. Und viele Artikel kommen erwartungsgemäß aus dem weiter westlich gelegenen Mittelmeerraum: darunter, um nur ein Beispiel zu nennen, eine große Auswahl von Seifen, deren Herkunft mit Venedig, Ancona, Apulien, Zypern und Rhodos angegeben wird.

Zahlungsmittel

Bei der Rekonstruktion weiträumiger Handelsbeziehungen kommt der Numismatik eine bedeutende Rolle zu. In manchen Teilen Asiens, in denen sich die Geschichte ansonsten nur ansatzweise mit Hilfe schriftlicher und archäologischer Zeugnisse erschließen lässt, bietet sie überdies fast die einzige Möglichkeit, die zeitliche Zuordnung bestimmter Erscheinungen abzusichern. Das gilt beispielsweise für die heftig umstrittene Chronologie des Kushan-Reichs. Dessen Verbindung nach Osten lässt sich in erster Linie durch Münzen untermauern, die in China gefunden wurden und die Namen der Herrscher Kujula Kadphises, Vima Kadphises und Kanishka I. aus dem 1. und 2. Jahrhundert n. Chr. tragen.

Römische Geldstücke, die in Indien in großer Zahl ausgegraben wurden, spielten im Reich der Mitte anscheinend keine Rolle. Lediglich beim südlichen Nachbarn – im Bereich des Mekong-Deltas im heutigen Vietnam – stieß man auf je ein Exemplar aus den Regierungszeiten der Kaiser Antoninus Pius (138–161) und Marcus Aurelius Antonius (161–180). Weit bes-

	Herrscher	Regierungszeit
Sassanidische Silberdrachmen	Shapur II.	309–379
	Ardashir II.	379–383
	Shapur III.	383–388
	Yezdegerd II.	438–457
	Peroz	459–484
	Kavadh I.	488–497, 499–531
	Zamasp	496–499
	Khusrau I.	531–579
	Hormizd IV.	579–590
	Khusrau II.	590–628
	Boran	590–628
	Yezdegerd III.	632–651
Byzantinische Goldsolidi	Konstantios II.	337–361
	Theodosius II.	408–450
	Leo I.	457–474
	Anastasios I.	491–518
	Justin I.	518–527
	Justinian I.	527–565
	Herakleios	610–641
	Konstans II.	641–668
	Konstantinos V.	741–775

Tab. 9: In China entdeckte Münzen aus dem Sassanidenreich und Byzanz (teilweise Umarbeitungen oder Nachbildungen).

ser ist die Funddichte im Hinblick auf sassanidische und byzantinische Münzen, die in China ab dem 4. Jahrhundert kontinuierlich anzutreffen sind. Allerdings gewähren sie nur begrenzt Aufschluss über ihre Rolle als Zahlungsmittel; denn in der Mehrzahl entstammen sie nicht in Krisenzeiten angelegten Horten, sondern Gräbern, in denen sie an prominenter Stelle – oft als Mundbeigabe – deponiert wurden. Nicht wenige Goldsolidi waren überdies perforiert, was auf eine Verwendung als Schmuckstück oder Amulett schließen lässt. In manchen Fällen handelt es sich zudem – analog zu den Kopien chinesischer Münzen in Sogdien – nicht um Originale, sondern um einheimische Nachbildungen.

Betrachtet man das Handelsvolumen, dann fällt die Zahl der nach Westen gelangten chinesischen Münzen vergleichsweise gering aus. Größere Mengen gelangten wohl, wenn überhaupt, auf dem Seeweg in die Regionen westlich des Indischen Ozeans. Dies lag nicht zuletzt am relativ niedrigen Nenn- und Materialwert der aus Bronze gegossenen Geldstücke, der in einer ungünstigen Relation zu deren Transportvolumen und -gewicht stand. Größere Zahlungen waren damit nur schwer zu bewältigen, vor allem wenn es galt, vor der Übergabe noch weite Strecken im Hochgebirge und in der Wüste zurückzulegen. Goldbarren sind bislang nur in geringer Zahl für die Han-Zeit belegt; Silberbarren waren zwar weit länger gebräuchlich, doch hatten diese unter den meisten Dynastien nur einen relativ geringen Umlauf. Papiergeld schließlich, das vor allem von den Mongolen favorisiert wurde, war stets angewiesen auf politische Stabilität und ökonomische Konstanz. Gerade in Krisenzeiten waren daher fremde Kaufleute nur schwer von seinen Vorzügen zu überzeugen.

Daneben war freilich auch entscheidend, dass die chinesische Seide ein ungeheuer stabiles Zahlungsmittel darstellte: nicht nur im Inland, etwa bei der Besoldung der Staatsbediensteten, sondern auch bei grenzüberschreitenden Geschäften. Sie war wohl, wenn man so will, die eigentliche Währung der Seidenstraße. Kein Geld – nicht einmal der auch weit außerhalb der islamischen Welt verbreitete *dirham* – erreichte eine auch nur annähernd vergleichbare Akzeptanz. Ganz davon abgesehen, dass manche Münzen offenkundig nur in den Oasen (z. B. Khotan, Kucha oder Turfan) eingesetzt werden konnten, in denen sie gegossen oder geprägt worden waren.

Der Tribut

Ritualisierter Gabentausch regelte nicht nur in Asien die Beziehungen zwischen Herrschern, Ländern und Völkern. Besonders elaboriert war dieses System aber in China, wo die Staatsideologie dem Kaiser auftrug, die Harmonie zwischen der Menschheit und dem Kosmos zu gewährleisten. In diesem Zusammenhang wurde die Darbringung von Tribut (*gong*) nicht zuletzt als Bestätigung kaiserlicher Legitimation bewertet, jenes «Mandats des Himmels», dessen Entzug sich nicht zuletzt in unzureichender Akzeptanz am Rande und außerhalb des «Reichs der Mitte» manifestierte. Politischer oder militärischer Druck war hierfür im Übrigen nur selten nötig, war doch der Hof verpflichtet, entsprechende Gegenleistungen zu erbringen und für den Unterhalt der angereisten Gesandtschaften aufzukommen.

Wie vielfältig die Implikationen des «diplomatischen Warenverkehrs» waren, lässt sich schon an der Zahl staatlicher Einrichtungen ermessen, die damit jeweils befasst waren. Neben dem engsten Beraterkreis des Kaisers, dem sogenannten Inneren Kabinett, waren dies in der Ming-Dynastie meist drei von insgesamt sechs Ministerien: (a) das Ritenministerium, dem die Ämter für Empfänge, für Kultus (mit Übersetzerbüro), für Staatszeremonien und für Bankette unterstellt waren; (b) das Kriegsministerium, zu dessen Zuständigkeit das offizielle Gästehaus gehörte; (c) das Finanzministerium, das die Kosten für die Verpflegung trug.

Einen Anhaltspunkt dafür, wie die Verpflegungskosten – ohne die Einrechnung der offiziellen Bankette – zustande kamen, liefern die Angaben über die Tagesration, die einer 44 Köpfe zählenden Gesandtschaft aus Isfahan im 15. Jahrhundert zustand: ein Schaf, acht Gänse, zehn Hühner, dreißig Krüge Wein sowie nicht genau zu bestimmende Mengen von Reis, Weizenmehl, Gemüse, Früchten und Backwaren. Allerdings hatte das Reich der Timuriden natürlich einen anderen Stellenwert in der chinesischen Außenpolitik als mancher unter direkter Kuratel stehende Nachbarstaat. Es ist daher nicht auszuschließen, dass die Versorgung etwas großzügiger geregelt war; denn grundlegend anders gestaltet war auch der Austausch der Güter. Während insbesondere bei den von konfuzianischen Eliten dominierten Ländern Art und Umfang von Tribut und Gegengabe durch ein von China diktiertes Paket von Vorschriften bis ins Detail geregelt waren, beließ man den Herrschern, die über bedeutsame Regionen West- und Zentralasiens geboten, einen weit größeren Freiraum. Ihnen war es zu einem gewissen Grad selbst überlassen, wieviel sie von einem bestimmten Produkt darbrachten, so dass die Menge der Gegengaben teilweise mit Hilfe von Äquivalenten bestimmt wurde.

Zur dominierenden Kraft in der Mongolei entwickelten sich zu Beginn des 15. Jahrhunderts die Oiraten. Zwar sank im Verlauf der Beziehungen mit dem Ming-Hof der Gegenwert für die von ihnen dargebotenen Pferde und Felle, doch nicht ihre Begehrlichkeit nach Seide. Um sich eine entsprechende Menge dieses Luxusguts zu sichern, präsentierten die Oiraten 1446 immerhin 800 Pferde, 130 000 Hörnchenfelle, 16 000 Hermelinfelle und 200 Zobelfelle als Tribut. Während aber der zeitliche Abstand zwischen den Gesandtschaften immer kürzer wurde, stieg gleichzeitig deren «Personalstärke», sah sich doch das Oberhaupt der Konföderation genötigt, die eigene Elite und möglichst viele Verbündete dadurch an sich zu binden, dass es sie an den Unternehmungen teilhaben ließ: (1) um in den Genuss von Geschenken zu kommen, die jedem Teilnehmer einer Delegation ohne direkte Bezugnahme auf den Umfang des präsentierten Tributs zustand; (2) um sich der durchaus prestigeträchtigen Behandlung durch die Gastgeber – namentlich der oftmals opulenten Bewirtung – zu erfreuen.

Tribut	Gegengabe
1 Pferd (Kategorie 1)	2 Ballen gefütterter farbiger Satin, 2 Ballen Seide (Steuer-Qualität)
1 Pferd (Kategorie 2)	1 Ballen Seide (gehobene Qualität), 8 Ballen Seide (mittlere Qualität), 1 Ballen Seide (Steuer-Qualität)
1 Pferd (Kategorie 3)	6 Ballen Seide (mittlere Qualität), 1 Ballen Seide (Steuer-Qualität)
1 Kamel	3 Ballen gefütterter farbiger Satin, 10 Ballen Seide (Steuer-Qualität)
1 Jagdfalke	1 Ballen gefütterter farbiger Satin
200 Hermelinfelle	12 Ballen gefütterter farbiger Satin
2 Zobelfelle	1 Ballen Seide (mittlere Qualität)
10 Hörnchenfelle	1 Ballen Seide (mittlere Qualität)
1 Luchsfell	7,5 Ballen Seide (mittlere Qualität)

Tab. 10: Äquivalente bei den Transaktionen zwischen den Oiraten und dem chinesischen Hof (1426–1435).

Vor diesem Hintergrund mag es kaum verwundern, dass um die Konditionen, zu denen Pferde und Seide die Besitzer wechselten, kräftig geschachert wurde. Es kann auch kaum überraschen, dass der chinesische Hof wenig erfreut war, als er erfuhr, dass eine oiratische Gesandtschaft, die im Winter 1448/49 an der Grenze stand, nicht weniger als 3500 Mann umfasste.

Als das Reich der Mitte nicht auf die Vorstellungen der unerwünschten Gäste einging, sondern versuchte, den Umfang von Gaben und Bewirtungsaufwand zu mindern, kam es gar zum militärischen Konflikt. In dessen Folge drang die oiratische Kavallerie weit in das Land ein, und es gelang ihr nach einem größeren Gemetzel, den Kaiser als Geisel zu nehmen: allerdings nicht mit den erwünschten Konsequenzen; denn der Hof ging, nachdem sich das Machtgefüge in Peking verschoben hatte, nicht auf die exorbitanten Lösegeldforderungen und den Wunsch nach besseren Bedingungen für die Darbringung von Tribut ein, sondern setzte einfach den Bruder des gefangenen Kaisers auf den Thron. Damit war die Geisel annähernd wertlos geworden und das Ansehen des Oiratenführers beschädigt; er wurde nur wenige Jahre danach ermordet.

Wenn – wie in diesem Falle – ökonomische Interessen und Machtkonstellationen das Handeln diktierten, konnte oftmals wohl kaum mehr der Schein gewahrt bleiben, und die ideologischen Grundlagen des Tributsystems wurden mehr oder minder der Lächerlichkeit preisgegeben. Dies gilt bis zu einem gewissen Grade auch für den Warenaustausch, der außerhalb des offiziellen diplomatischen Verkehrs stattfand: teils legal, teils illegal. Nun ist nicht in jedem Einzelfall zu klären, ob die Bewirtung, die kaiserlichen Geschenke oder der Erlös aus Privatgeschäften die Darbringung von Tribut so attraktiv machten. Zeitweilig war wohl der Andrang groß. Aber während sich der Hof im Falle zentralasiatischer Völker, die ökonomischen oder militärischen Druck ausüben konnten, meist entgegenkommend zeigte, mündete die Reserviertheit im Falle der Gesandtschaften, die über das Meer von Süden nach China gelangten, oft genug in brüske Zurückweisung. Weit häufiger beharrte man dann auf der Erfüllung von Formalien, zeigte sich zugeknöpft und sparsam.

Die Skepsis, die die Beamten dann bei der Beurteilung der Fremden befiel, ist durchaus verständlich; denn oft genug «unterwanderten» Kaufleute die offiziellen Gesandtschaften oder bildeten gar – mit Hilfe gekaufter oder gefälschter Papiere – eigene Delegationen. Nicht selten machten sich auch Han unter dem Deckmantel einer Tributgesandtschaft auf, um in den Genuss kaiserlicher Geschenke zu gelangen: zumeist wohl als Angehörige einer Minderheitengruppe von der Peripherie des Reichs getarnt und versehen mit kuriosen «Lokalprodukten», die nur einen geringen materiellen Wert, dafür aber einen Hauch von Exotik besaßen. Bekannt war dies seit langem, und schon die Bestimmungen der Song-Dynastie besagten, dass «jemand, der Tribut bringt, indem er vortäuscht, ein Ausländer zu sein, mit zwei Jahren Frondienst zu bestrafen sei».

Im Übrigen war natürlich auch nicht jede Gabe jederzeit willkommen. Zwar galten beispielsweise exotische Tiere lange Zeit als besonders geeignet, die Herrschaft des «Himmelssohnes» über alle Wesen «unter dem Himmel» aufzuzeigen, doch konnte es schon sein, dass die zuständigen Beamten ihrer überdrüssig wurden, wenn sie allzuoft präsentiert wurden. Das gilt namentlich für den (nach europäischer Vorstellung) König der Tiere, wie eine Eingabe aus dem Jahre 1490 zeigt:

Samarkand brachte Löwen und andere Bestien als Tribut dar. Im inneren Bereich, den Hallen der Paläste, sind sie nicht schön anzusehen; in den äußeren Gefilden, beim Militär, sind sie ohne Nutzen. Überdies sind sie in vielerlei Hinsicht lästig, die Kosten für die Nahrungsmittel kaum zu bewältigen. […] Welchen Nutzen soll das haben? Ich bitte daher darum, den Barbaren, die künftig Tribut darbieten werden, zu untersagen, solche seltsamen Tiere auszusuchen.

6. Pilger und Propheten

Während für den Warenverkehr das gesamte Routennetz der Seidenstraße genutzt wurde, erfolgte die Weitergabe von Religionen vor allem in eine Richtung: nach Osten. Offenkundig waren die Überzeugungssysteme, die ihren Ursprung in China hatten, in den «Westlanden» nicht vermittelbar; denn der diesseitsverhaftete Konfuzianismus, dessen Normen primär das menschliche Miteinander regeln, erwies sich ebenso wenig als Exportschlager wie der Taoismus, der im Grunde ein artifizielles Bündel von Lokalkulten darstellt. Letzterem ähnelt bis zu einem gewissen Grade der Hinduismus, der freilich zumindest zeitweilig außerhalb Indiens – namentlich in Kambodscha, Java und Bali – zur Blüte gelangen konnte.

Der Buddhismus

Im Laufe seiner mehr als zweitausendjährigen Geschichte hat der Buddhismus zahllose Schulen hervorgebracht. Als die beiden grundlegenden Strömungen werden zumeist das historisch weiter zurückreichende *Hinayana* («kleines Fahrzeug») und das später auftretende *Mahayana* («großes Fahrzeug») unterschieden. Die Bezeichnung *Theravada* («Lehre der Älteren»), ursprünglich lediglich für einen Zweig des *Hinayana* verwendet, ist heute als Synonym für die gesamte Richtung gebräuchlich. Ihre Anhänger bevorzugen diese Benennung nicht zuletzt deshalb, weil dadurch die abschätzige Konnotation – «klein» im Sinne von «unerheblich» – entfällt, auf die die Gefolgsleute des *Mahayana* abzielten, als sie den Begriff prägten.

Ziel aller Gläubigen ist es, einen Ausstieg aus dem ansonsten endlosen Geburtenkreislauf zu finden und schließlich das *Nirvana* (wörtlich «Verwehen») zu erreichen. Die völlige Überwindung von Leid und Begierde, die den unmittelbaren Weg dorthin

Abb. 14: Tonplastik eines zweiköpfigen Buddha aus Karakoto (13. Jahrhundert).

ebnet, bleibt jedoch wenigen «Vollendeten» vorbehalten; denn Voraussetzung hierfür ist ein Grad an Entsagung, der im Allgemeinen ein Leben in klösterlicher Zurückgezogenheit verlangt. Der Mehrheit der Menschen gelingt es hingegen bestenfalls, die Entscheidung über die künftige Daseinsform positiv zu beeinflussen; ihre Taten, Verfehlungen wie Verdienste, bestimmen nämlich die Qualität der nachfolgenden Existenz.

Die Anhänger des dezidiert monastisch ausgerichteten *Theravada* müssen ihre Erlösung allerdings vollständig aus sich selbst heraus und ohne fremde Hilfe erlangen. Dagegen können im stärker weltzugewandten und lokale Traditionen einbeziehenden *Mahayana* nicht nur Mönche, sondern auch Laien auf Unterstützung bei ihrem Heilsweg hoffen: vor allem durch die *Bodhisattvas*, jene künftigen *Buddhas*, die aus Mitleid mit den Geschöpfen auf das Eingehen in das *Nirvana* verzichtet haben.

Im Einzugsgebiet der Seidenstraße war insbesondere Maitreya populär, von dem sich die Gläubigen erhofften, dass er, wenn seine Zeit gekommen sei, die Welt auf einen Schlag von den Unbilden irdischen Leids erlöse. Daneben trat aber Avalokiteshvara hervor, der in China den Namen Guanyin – sowie allmählich weibliche Züge – erhielt und Beistand in Gefahr und Not gewähren sollte. Er stand in enger Verbindung mit Amitabha, dem Buddha des unermesslichen Glanzes, der über das «glückreiche Land» gebot. Dieses im fernen Westen gelegene Paradies bildete zwar aus Sicht der Gelehrten lediglich den Vorhof zur Erlösung, war aber für die Bevölkerungsmehrheit extrem verlockend: schon deshalb, weil es mit ihrer konkreten

Vorstellung leichter vereinbar war als das schwer fassbare Nirvana. Nicht die filigrane theologische Gedankenführung, sondern die leicht vermittelbare Legitimation des Machtanspruchs war es schließlich wohl, die manchen Herrscher dazu veranlasste, sich selbst als Bodhisattva verklären zu lassen.

Ganz strikt sind die Trennlinien zwischen den verschiedenen Ausrichtungen des Buddhismus aber nicht, und auch die zeitliche Abfolge ist nicht immer eindeutig. Man kann indes davon ausgehen, dass sich die Religion spätestens im 2. Jahrhundert n. Chr. entlang der Landrouten der Seidenstraße in Regionen festgesetzt hatte, die heute zu den Staatsgebieten von Turkmenistan, Usbekistan, Tadschikistan, Afghanistan, Pakistan und China gehören. In das Reich der Mitte gelangte sie – vermutlich etwa gleichzeitig – auch über das Meer: lange bevor sie in den meisten Teilen Südostasiens Fuß fassen konnte. Maßgeblich zum Erfolg trugen jene Mönche bei, die in den darauffolgenden Jahrhunderten zu den Kultstätten Indiens reisten, um neue Schriften zu erschließen und der Lehrmeinung schärfere Konturen zu verleihen.

Dass sich der Buddhismus in China festsetzen und zeitweilig zur dominanten religiösen Strömung werden konnte, war im Übrigen nicht vorherzusehen. Viele seiner Wesenszüge waren nämlich kaum verknüpfbar mit jenen Normen, die bis dahin Weltbild und Ritus bestimmt hatten. Für den Hof müssen sie im Grunde eine Provokation gewesen sein: Der individuelle Rückzug in klösterliche Abgeschiedenheit stellte die Grundlagen menschlichen Zusammenlebens in Frage und unterminierte den Ahnenkult ebenso wie die soziale Dominanz der Familie. Daneben begrenzte die Errichtung von Pagoden, die weiter in die Höhe ragten als die kaiserlichen Palastanlagen, mit architektonischen Mitteln die herausgehobene Stellung des «Himmelssohnes». Ähnliches gilt für die buddhistische Großplastik, für die es in China keine profanen Gegenstücke gab.

Auch die Speisevorschriften wichen deutlich ab. Vor allem aber müssen die Totenverbrennung und der um sich greifende Reliquienkult befremdlich gewesen sein in einem kulturellen Umfeld, in dem die physische Unversehrtheit betont und die

Zurschaustellung von Körperteilen als ostentative Umsetzung von Gewalt wahrgenommen wurde. Sehr anschaulich wird die Skepsis, die die konfuzianisch geprägten Gelehrten gegenüber der von einem «Barbaren» gestifteten Religion hegten, in einer Eingabe zusammengefasst, die der Dichter Han Yu im Jahre 819 an den Kaiser richtete, um dessen Begeisterung für einen vermeintlichen Fingerknochen des Buddha zu dämpfen:

Der Buddha war von seiner Abstammung her [nicht mehr als ein] Barbar. Seine Sprache unterschied sich vom Chinesischen, und er bediente sich nicht der Worte, die die alten Könige vorgeschrieben hatten. Auch der Schnitt seiner Gewänder war anders, und er trug nicht die Kleider, die die alten Könige festgelegt hatten. [Schließlich] erkannte er weder die Beziehungen zwischen Fürst und Untertan an noch die Bande zwischen Vater und Sohn. Lebte er heutzutage und gelangte als Gesandter seines Landes an die kaiserliche Residenz, dann würde ihn seine Majestät höflich empfangen. Nach einer Audienz in der Empfangshalle, einem für ihn veranstalteten Bankett und der Übergabe von Gewändern würde man ihn freilich von Wachen zur Grenze geleiten lassen, damit er die Bevölkerung nicht verführt.

Es heißt, beim Kaiser habe dieses Schreiben einen gewaltigen Zornesausbruch ausgelöst. Mit höchst unangenehmen Folgen für den Verfasser! Zwar wurde sein Leben durch die Fürsprache einflussreicher Freunde geschont, doch war die Verbannung an die südliche Peripherie des Reiches, wo er die einheimische Bevölkerung mit den Segnungen chinesischer Zivilisation vertraut machen sollte, sicherlich mehr Strafe als Herausforderung. Trotzdem scheint die unfreiwillige Mission ein Erfolg gewesen zu sein; denn die Überlieferung will, dass es ihm unter anderem gelang, ein riesiges Krokodil zu vertreiben: mit Hilfe einer schriftlichen Verfügung, die er – in wahrlich konfuzianischer Manier – zusammen mit einem Schwein und einer Ziege ins Wasser warf.

Zoroastrismus und Manichäismus

Die Lebensdaten des Siddhartha Gautama, den man später den *Buddha* (den «Erleuchteten») nennen sollte, sind umstritten; auch im Hinblick auf seinen Wirkungskreis gibt es manche Unklarheiten. Immerhin lässt sich aber festhalten, dass er vermutlich seit dem ausgehenden 6. oder frühen 5. Jahrhundert v. Chr. im Norden Indiens wirkte und dass seine asketische Lehre erst lange nach seinem Tod eine größere Anhängerschaft erreichte. Über Zarathustra weiß man noch viel weniger; möglicherweise wurde der Mann, den man als Stifter des Zoroastrismus (Mazdaismus, Parsismus) identifiziert, im 7. Jahrhundert v. Chr. geboren.

Die Texte, die unter dem Titel *Awesta* zur literarischen Grundlage dieser Religion vereint wurden, erhielten ihre bis heute überlieferte Form freilich erst in nachchristlicher Zeit. Ausgangspunkt der Verbreitung war im Wesentlichen Iran, wo die Sassaniden die Kodifizierung auch deswegen vorantrieben, weil sie der Bevölkerung ein einheitliches Weltbild und feste Normen verordnen wollten.

Von dort aus hinterließ der Zoroastrismus seine Spuren entlang der Seidenstraße. Vor allem die Darstellung von Feueraltären und Opferhandlungen auf den Wandmalereien von Pendschikent bezeugt auf eindrucksvolle Weise seine Präsenz in Sogdien. Vermutlich waren es auch Kaufleute aus den zwischen Amudarya und Syrdarya gelegenen Handelszentren, die dafür sorgten, dass er schließlich das Reich der Mitte erreichte. Einige Motive, die seit dem ausgehenden 6. Jahrhundert in Nord- und Zentralchina bezeugt sind, erinnern jedenfalls eindeutig an die Bildersprache in dem Gebiet, das heute zu Usbekistan und Tadschikistan gehört.

Das in diesem Zusammenhang bislang wohl bedeutendste Denkmal geht auf das Jahr 592 zurück. Es ist das etwa 500 km nordöstlich der damaligen Hauptstadt Chang'an gelegene Ziegelkammergrab des Yu Hong: eines aus den fernen Westlanden stammenden Mannes, der zu Lebzeiten an mehreren Gesandtschaften teilnahm und zeitweilig eine führende Position in jener staatlichen Behörde innehatte, in der die Aufsicht über die Zoroastrier angesiedelt war. Die Reliefs auf der Steinverkleidung des hausförmigen Schreins, in dem er – und später auch seine Frau – beigesetzt wurde, schildern nicht nur eine aus chinesischer Perspektive exotisch anmutende Lebenswelt, sondern verweisen durch die Darstellung eines Feueraltars auch ganz konkret auf zoroastrischen Ritus.

Der dadurch bildlich erfasste Kult stand im Zentrum einer Religion, deren Kosmologie und Ethik vor allem durch einen strikten Antagonismus von gutem und bösem Prinzip gekennzeichnet ist. Ob diese Überzeugung bei der einheimischen Bevölkerung Chinas großen Anklang fand, ist zu bezweifeln; unter den Anhängern dominierten wohl durchweg die Fremden, die an ihren mitgebrachten Traditionen festhielten.

Anders als bei Buddhismus und Zoroastrismus sind beim Manichäismus die Daten zur Person des Religionsstifters vergleichsweise kohärent. Der im Zweistromland geborene Mani starb 277 n. Chr. sechzigjährig, nachdem er ausgedehnte Reisen bis nach Iran und Indien unternommen hatte, um seine gnostische Lehre dort zu verkünden. Sein Plan, diese als verbindliche Doktrin im gesamten Sassanidenreich durchzusetzen, scheiterte indes. Trotz heftiger Anfeindung und Verfolgung gelang es seinen Anhängern jedoch in den darauffolgenden Jahrhunderten, die Religion in einem Territorium zu verbreiten, das sich bis nach Westeuropa, Nordafrika und Ostasien erstreckte. Ungeachtet des riesigen Missionsgebiets zwischen Atlantik und Pazifik hielt sich die Zahl der Gläubigen jedoch stets in Grenzen; denn die Gemeinden blieben meist klein, und nur im Königreich Kocho (mit seinem Zentrum in der Oase Turfan) konnte man die Herrscher ab der Mitte des 9. Jahrhunderts zu einer kontinuierlichen Unterstützung der Glaubensgemeinschaft bewegen.

Der Prophet schöpfte aus unterschiedlichen Traditionen, insbesondere Zoroastrismus, Christentum und Buddhismus. Später sollten sich mancherorts freilich noch andere Elemente dazugesellen, und so wurden beispielsweise in manchen Teilen Chinas auch taoistische Vorstellungen einbezogen. Besonders anschaulich vermitteln die Verschmelzung der einzelnen Über-

Abb. 15: West- oder zentralasiatisch anmutende Darstellung im Grab des Yu Hong (Umzeichnung nach dem Relief der Steinverkleidung aus dem 6. Jahrhundert).

lieferungen zahllose Schriftzeugnisse, die in den Randzonen von Gobi und Taklamakan gefunden wurden. Neben liturgischen Texten, Lehrtraktaten, Parabelsammlungen und Beichtspiegeln befinden sich darunter auch jene Hymnen, in denen nicht nur Mani als «Buddha des Lichts» gepriesen wird, sondern auch Jesus, der «König des Nirwana», der dazu ausersehen ist, «das wohlriechende Wasser der Erlösung zu spenden».

Im Zentrum der Religion standen aber nicht Gottheiten, sondern Prinzipien: vor allem ein aus dem Zoroastrismus abgeleiteter Dualismus, der in Gegensatzpaaren wie Licht und Finsternis, Geist und Materie, Harmonie und Streit, Schönheit und Missgestalt zum Ausdruck kommt. Dabei zeichnete sich der

Manichäismus durch eine streng hierarchische Kirchenstruktur aus, die wenige «Auserwählte» privilegierte, die zur Askese verpflichtet und im Allgemeinen monastisch organisiert waren. Vom Status her untergeordnet blieben hingegen die weit zahlreicheren Laien, deren wichtigste Aufgabe darin bestand, die materielle Versorgung der Priester sicherzustellen.

Dies dürfte zumindest in Zeiten wirtschaftlicher und politischer Stabilität kein großes Problem gewesen sein; denn überdurchschnittlich viele Gläubige rekrutierten sich aus der Schicht der Kaufleute, wobei auch in diesem Fall den Sogdiern eine besondere Rolle zukam. Zeitweilig waren Herkunft, Beruf und Religionszugehörigkeit geradezu synonym, und es ist sicherlich kein Zufall, dass Mani in manchen Schriften als «großer Karawanenführer» adressiert wurde. Sein in der Rückschau namhaftester Anhänger war jedoch kein begüterter Kaufmann, sondern ein ebenso begnadeter wie gefürchteter Rhetoriker: Aurelius Augustinus (354–430). Allerdings war dessen Begeisterung bekanntlich nicht von Dauer. Nach seiner Bekehrung zum Christentum überzog er die Gemeinschaft, der er als Laie angehört hatte, mit sarkastischer Polemik.

Die ästhetischen Normen, die die künstlerischen Ausdrucksformen des Manichäismus bestimmten, waren unmittelbar von dem ihm innewohnenden Dualismus abgeleitet. Ihre Aufgabe war es daher, die Sphäre des Lichts, der Reinheit und der Vergeistigung zu reflektieren. Wichtigste Medien hierfür waren – soweit sich das zurückverfolgen lässt – nicht große Formate, sondern Miniaturen und Bücher, die die Vollendung von Bild und Kalligraphie verkörpern sollten. Auf dieses Streben nach Perfektion spielt mit leicht spöttischem Unterton der folgende Dialog zwischen einem Gegner (A) und einem Dulder (B) des damit verbundenen Aufwands an, der in einem arabischen Werk des 9. Jahrhunderts wiedergegeben ist:

(A) Ich wünschte, die Manichäer wären nicht so erpicht darauf, Unsummen Geldes für sauberes weißes Papier und glänzend schwarze Tusche auszugeben. Auch sollten sie der Kalligraphie keine derart hohe Bedeutung beimessen und die Schreiber weniger antreiben. Denn ich habe in der Tat noch kein Papier

und keine Schriftgestaltung [von einer Qualität] gesehen, die dem in ihren Büchern [erreichten Niveau] gleichkommt.

(B) Der Anspruch, den die Manichäer bei der Ausstattung ihrer Schriften erheben, entspricht [doch lediglich] dem Aufwand, den die Christen bei der Ausgestaltung ihrer Kirchen betreiben.

Judentum und Christentum

Im Fernhandel, der das Routennetz der Seidenstraße nutzte, spielten jüdische Kaufleute eine bedeutende Rolle. Ihren weiten Aktionsradius belegen nicht zuletzt zahlreiche hebräische Zeugnisse: darunter Grabsteine nahe der Wolga, Felsinschriften im Industal und Textfragmente aus der Randzone der Taklamakan. Eine besonders starke Stellung hatten sie in dem zwischen Wolga und Don gelegenen Reich der Chasaren, wo im 8. und 9. Jahrhundert der Herrscher und Teile der Oberschicht konvertierten. Nicht verifizierbar ist hingegen die Überlieferung, dass jüdische Gemeinschaften bereits während des 1. Jahrtausends v. Chr. in Indien florierten. Auch im Falle Chinas verlegen einige Werke die Einwanderung in eine derart frühe Epoche, doch ist zu vermuten, dass zumindest größere Gemeinden nicht vor der Tang-Zeit entstanden.

Damals gelangten auch erstmals größere Gruppen von Nestorianern in das Reich der Mitte und gründeten – wenn die Angaben einer später in der Hauptstadt Chang'an errichteten Stele zutreffen – seit dem 7. Jahrhundert ihre Klöster. Schon wenige Jahrzehnte nach ihrer Verurteilung auf dem 431 in Ephesos abgehaltenen Konzil hatte sich die Lehre des Nestorius, welche die zwei Naturen von Christus in den Vordergrund stellt und die Leibhaftigkeit der Auferstehung betont, im Nordosten Irans etabliert. Von Herat, Merw und Balch aus waren die Missionare dann weiter nach Osten gezogen, um ihren Glauben zu verkünden.

Von der eigenständigen Dogmatik und Liturgie der oft auch «ostsyrische Kirche» genannten Ausrichtung des Christentums künden zahllose Schriftzeugnisse aus dem Tarim-Becken; zudem konnten in Turfan Überreste eines Gotteshauses identifiziert werden. Mit dem Ende des mongolischen Weltreichs ging auch der Nestorianismus in Ostasien unter. Zuvor erlebte er jedoch noch eine kurze Blüte, zunehmend allerdings in Konkurrenz zur katholischen Kirche, deren Vertreter sich am Hof des Großkhans aufhielten.

In die Suche nach einem Ritus, der ihrem Herrschaftsanspruch einen angemessenen Rahmen vermitteln sollte, bezogen die mongolischen Herrscher zuweilen auch die Argumente und Empfehlungen ein, die Vertreter verschiedener Religionen in eigens dafür anberaumten Streitgesprächen äußerten. An einer derartigen Diskussionsrunde, die auf Initiative des Großkhans Möngke im Jahre 1254 in Karakorum zustande kam, nahm auch der Franziskanermönch Wilhelm von Rubruk teil. Er berichtet:

Am nächsten Tag sandte der Khan seine Sekretäre, um mir [folgendes] mitzuteilen: ‹Unser Herr schickt uns, da jeder von euch Christen, Sarazenen [hier: Muslimen] und Tuinen [Buddhisten] behauptet, seine Religion sei die beste und seine heiligen Schriften enthielten die reinste Wahrheit. Daher hätte er gerne, dass Ihr euch alle versammelt, um eure verschiedenen Lehren einander gegenüberzustellen. Es solle jeder seine Worte aufschreiben, damit [der Khan selbst] die Wahrheit erkennen kann.›

Wenige Tage später kam es dann zum öffentlichen Disput. Davor war es Wilhelm nach eigenen Angaben gelungen, nicht nur die Nestorianer, sondern auch die Muslime als Verbündete zu gewinnen, damit sich die gebündelte Wortgewalt all jener, die «nur einen Gott annehmen», gezielt gegen die Buddhisten richten konnte, die durch einen eigens aus China angereisten Mönch vertreten wurden. In der Rückschau vermittelt der Franziskaner den Eindruck, er habe bei dem Redewettstreit dank einer überzeugenden Beweisführung und geschliffenen Rhetorik die Oberhand gewonnen. Mindestens ebenso sehr trugen aber – wenn das Resultat denn korrekt wiedergegeben ist – die im Vorfeld aufgebaute Allianz und eine massive Einflussnahme auf den Diskussionsablauf dazu bei, dass man danach in Feierlaune war:

Nach Abschluss dieser Verhandlungen sangen sowohl die Nestorianer als auch die Sarazenen mit lauter Stimme, während die Tuinen sich stille hielten. Ein allgemeines Zechen bildete das Ende.

Die Bekehrung des Großkhans – und von ihm ausgehend des gesamten mongolischen Weltreichs – sollte jedoch nicht gelingen. Später, im 17. Jahrhundert, verfolgten die im Gefolge der Kolonialmächte auf dem Seeweg nach Ostasien gelangten Jesuiten einen ähnlichen Plan. Ihre Absicht, durch die Konvertierung des Kaisers ganz China zu christianisieren, misslang jedoch ebenso. Bei ihrer Suche nach Verbündeten für den Missionsauftrag stießen sie im Übrigen auf einen Priester, von dem sie glaubten, dass er das Oberhaupt einer Gruppe von Nestorianern sei, welche noch ihre überkommenen Traditionen pflegten. Es stellte sich dann allerdings heraus, dass es sich bei dem ins Auge gefassten Partner um den Rabbi von Kaifeng handelte, der seinerseits davon überzeugt war, mit den etwas unkonventionellen Vertretern einer jüdischen Gemeinde zu konferieren.

Der Islam

Heute dominiert im Wesentlichen eine Religion die Länder, die von der Seidenstraße durchzogen werden: der Islam. Auf dem asiatischen Festland gleicht sein Verbreitungsgebiet einem riesigen Band, das vom Mittelmeer bis an die westliche Peripherie Chinas reicht. Aber nicht nur entlang der Landrouten wurde die Lehre des Propheten – meist in sunnitischer Tradition – verkündet, sondern auch auf dem Seeweg. Schließlich darf nicht übersehen werden, dass gegenwärtig Indonesien der Staat mit der größten muslimischen Bevölkerung ist.

Eine intensive Missionstätigkeit setzte dort allerdings erst relativ spät, vermutlich ab dem 15. Jahrhundert, ein und führte zu einer Islamisierung, die in den einzelnen Zonen der Inselwelt höchst unterschiedliche Resultate zeitigte. Dies ist nicht zuletzt auf den oftmals flexiblen Umgang mit einheimischen Traditionen zurückzuführen, die weiterhin viele Aspekte von Recht und Ritus bestimmten. So werden von zahlreichen Muslimen bis heute Ahnen und Geister in die Kulthandlungen einbezogen, um Unheil von der Gemeinschaft fernzuhalten, und Zeremonien durchgeführt, die ursprünglich zur Legitimation buddhistischer oder hinduistischer Fürsten dienten. In schroffem Gegensatz dazu stehen die zunehmend aggressiver werdenden orthodoxen Gruppen, die derlei Zugeständnisse an lokale Sitten als «heidnische Auswüchse» brandmarken.

Wie später in Indonesien war das Bekenntnis zu Allah auch im China der Tang-Zeit zunächst zugereisten Händlern vorbehalten; erst in den darauffolgenden Jahrhunderten, vor allem unter der Mongolenherrschaft, ließen sich dann insbesondere Angehörige jener Völker bekehren, die an der westlichen Peripherie lebten und deren Nachfahren heute den Status ethnischer Minderheiten haben. Dabei wären einige Lehrinhalte durchaus auch für die Bevölkerungsmehrheit der Han vermittelbar gewesen. Anders als der Buddhismus, der von den angestammten Eliten als Angriff auf ihren Status betrachtet werden musste, vertritt der Islam nämlich soziale Ordnungsprinzipien, die in vielfacher Hinsicht mit jenen konfuzianischen Normen vereinbar sind, die in den hierarchischen Beziehungen zwischen Herrscher und Untertan, Vater und Sohn, Mann und Frau sowie älterem Bruder und jüngerem Bruder zum Ausdruck kommen.

Der Katalog der Ähnlichkeiten wurde nicht zuletzt von jenen muslimischen Meinungsführern bemüht, die in der Anknüpfung an chinesische Wertvorstellungen die richtige Strategie zum Erhalt und zur Verbreitung der eigenen Religion sahen. Dies verdeutlicht auch der Wortlaut einer Inschrift, die vermutlich auf die Ming-Dynastie zurückgeht und in einer nordchinesischen Moschee angebracht war.

Weise Männer stimmen in ihrem Urteil überein und [stützen sich] auf dieselbe Wahrheit. Daher können sie einander überzeugen, ohne einen Hauch von Zweifel zu lassen. [...] Mohammed, der große Weise aus dem Westen, lebte in Arabien: lange nach Konfuzius, dem Weisen Chinas. Obschon [zahllose] Generationen und Länder zwischen ihnen lagen, verfügten sie über dieselbe Urteilskraft und Wahrheit. Der vor langer Zeit verstorbene große Weise aus dem Westen [...] lehrte [folgende Grund-

sätze]: die [rituelle]Reinigung [in Form von] Waschungen; das Stärken der Gesinnung durch die Minderung der Begierden; die Unterdrückung der Leidenschaften mit Hilfe des Fastens; die Fehlervermeidung als Voraussetzung der Selbsterziehung; die Überzeugungskraft auf der Basis von Ehrlichkeit und Wahrhaftigkeit; die Unterstützung von Hochzeiten und die Anwesenheit bei Beerdigungen. Von ethischen Grundfragen bis hin zu den Kleinigkeiten des Alltags ist alles von Vernunft bestimmt, durch seine Lehre geregelt und mit dem Respekt gegenüber Gott verbunden. [... Der überzeugte Muslim] ist mit den klassischen Schriften seines Glaubens wohlvertraut. In eine Führungsposition gestellt, vermag er die Riten seiner Glaubensgemeinschaft durchzuführen und für das lange Leben des Kaisers zu beten.

Soweit das Ideal eines friedlichen Zusammenlebens, das in ähnlicher Weise auch von Juden und Christen formuliert wurde. In der Realität blieben Spannungen jedoch nicht aus. Zuweilen eskalierten sie gar zu einem blutigen Wechselspiel zwischen Aufständen und Repressalien: insbesondere dann, wenn Bewegungen Zulauf fanden, die ihre Anhänger durch eine explosive Mischung aus Spiritualität und Militanz motivierten.

So schwankte denn generell die Vorgehensweise zwischen sanfter Umarmung und brutaler Unterwerfung. Die Zentren des Reichs der Mitte erreichte der Heilige Krieg zwar nie, doch sollte die chinesische Einflusssphäre in Zentralasien durch eine Niederlage gegen die Araber im Jahre 751 deutlich und dauerhaft beschnitten werden. Im Übrigen ist der *Dschihad* nicht zwingend das gleichermaßen endlose wie heimtückische Massaker, welches sein Bild im Westen geprägt hat; denn zumindest im Vergleich zu den Gemetzeln der Kreuzritterheere waren die im Namen des Propheten durchgeführten Feldzüge geradezu human. Die Tötung oder Verstümmelung Wehrloser war untersagt, und auch die Befriedungsmaßnahmen hatten sich an bestimmte Regularien zu halten: Gegner, die heftigen Widerstand geleistet hatten, wurden demnach schlechter behandelt als Gruppen, die sich kampflos unterwarfen; zudem verfuhr man mit «Götzendienern» rigider als mit den Anhängern einer schriftlich fixierten Offenbarungsreligion.

Nur sporadische Gegenwehr leisteten die Menschen, die in der Region zwischen Amudarya und Syrdarya lebten und sich zuvor in relativ rascher Folge von Zoroastrismus, Manichäismus, Nestorianismus und Buddhismus beeindrucken ließen. Dort hat, wenn die Überlieferung stimmt, sogar eine zentrale Bildungseinrichtung des Islam ihren Ursprung: die Medrese, eine höhere Schule, in der neben Rechtsauslegung und Koranexegese auch mathematische, medizinische und literarische Kenntnisse vermittelt werden. Die erste Unterrichtsstätte dieser Art soll 937 in Buchara gegründet worden sein. Zwar ist die Hypothese, die darin vereinten Funktionen von Kultbau, Studentenheim und Lehranstalt hätten buddhistische Klöster zum Vorbild, nicht zu belegen. Denkbar ist eine derartige Entwicklung in den «Kernlanden» der Seidenstraße jedoch durchaus.

7. Kunst und Erfindergeist

Während Religionen – und mit ihnen die dazugehörigen künstlerischen Ausdrucksformen – primär in östlicher Richtung weitervermittelt wurden, dominierte im Bereich der Technologie eine umgekehrte Orientierung. Viele Errungenschaften, die heute in Europa wie selbstverständlich der eigenen Kreativität zugeschrieben werden, hatten ihren Ursprung in Wirklichkeit in China. Kriegstechnik, Nautik und Druckkunst sind nur einige Gebiete, aus denen Know-how über das Verkehrsnetz der Seidenstraße in den Westen gelangte.

Monumente des Glaubens

Mit mehr als einer Million Einwohnern war die chinesische Hauptstadt Chang'an in der ersten Hälfte des 8. Jahrhunderts eine der wenigen echten Metropolen der Welt. Besucher waren sicherlich beeindruckt von den prunkvollen Palastanlagen, riesigen Verwaltungskomplexen, geschäftigen Märkten und reichen Klöstern. Die stärksten architektonischen Akzente setzten freilich die Pagoden, welche alle anderen Gebäude überragten. Zwei davon stehen bis heute und zählen zu den bedeutendsten Hinterlassenschaften der Tang-Dynastie: die große und die kleine Wildganspagode.

Ihre Funktion entspricht der des indischen Stupa. Für die Gläubigen nicht zugänglich wurden im Inneren der Bauten meist Reliquien – im Idealfall ein Knochen, Zahn oder Haar des Buddha – aufbewahrt oder besonders geschätzte Gegenstände und Schriften hinterlegt. Die Monumente dienten somit zur Erinnerung an den Religionsstifter und als Symbol seiner Lehre.

Die Rezeption dieser Idee und ihre architektonische Umsetzung waren indes höchst unterschiedlich. In Myanmar, wo das Erbe des *Theravada* gepflegt wird und der indische Einfluss stär-

Abb. 16: Darstellung des Buddha mit Sonne und Mond (Umzeichnung nach einer Wandmalerei in Dunhuang); die Sonne ist nach chinesischer Tradition zusätzlich durch die Wiedergabe eines dreibeinigen Vogels gekennzeichnet.

ker zu erkennen ist, besteht der Stupa in der Regel aus drei Grundelementen: (1) einem gestuften Unterbau, der vielfach als «Weltberg» interpretiert wird; (2) einem Korpus, der für gewöhnlich eine gewölbte Form annimmt; (3) einem bekrönenden Aufsatz, zu dem sich auch noch Schirm, Windfahne und Diamantknospe gesellen können. In China, wo verschiedene Strömungen des *Mahayana* vorherrschen, griff man hingegen in weit größerem Umfang auf eigenständige Bautraditionen zurück. So entstanden hoch aufragende Türme, die im Allgemeinen wie folgt gegliedert sind: (1) ein unterirdisches Gewölbe, in dem oftmals Reliquien und Schriften untergebracht sind; (2) Fundament und Sockel; (3) ein polygonaler Korpus mit einer ungeraden Anzahl von Stockwerken; (4) eine Bekrönung, die unter Umständen über einen Hohlraum verfügt, der ebenfalls zur Deponierung von Objekten genutzt werden kann.

Durch bis zu dreizehn Stockwerke wurde eine «himmlische» Sphäre erschlossen, die weit über allen umliegenden Dächern lag. Zudem fußte die Stabilität der Pagoden – anders als bei den meisten Palast- und Tempelkomplexen, die nach wie vor in einer nur begrenzt haltbaren Ständerbauweise errichtet waren – nur mehr selten auf einer Holzkonstruktion. Die zunehmende Verwendung von Steinen und gebrannten Ziegeln sollte wohl nicht zuletzt demonstrieren, dass diese Monumente auf Dauer angelegt und mit dem Anspruch auf sakrale Superiorität verknüpft waren.

Einen besonders eindrucksvollen Beleg für den dadurch dokumentierten Respekt bildet die 1981 eingestürzte Pagode des etwa hundert Kilometer westlich von Chang'an gelegenen Famen-Klosters. Bei den archäologischen Grabungsarbeiten, die

die Wiedererrichtung vorbereiten sollten, wurde nämlich unterhalb des zerstörten Baus ein auf das 9. Jahrhundert zurückgehender «unterirdischer Palast» entdeckt, in dem sich ein dem Buddha zugeschriebener Fingerknochen befand. Darüber hinaus waren in den drei Kammern aber auch zahlreiche andere Kostbarkeiten hinterlegt, von denen ein Großteil als Geschenke des Kaiserhauses ausgewiesen sind: darunter 121 Gegenstände aus Gold und Silber, 19 Porzellangefäße aus dem Bestand des Hofes sowie 19 Glasobjekte; Letztere stammten zum Teil aus dem islamisch dominierten Westen Asiens und bezeugen – ebenso wie zahlreiche Metallarbeiten jener Zeit – ein großes Interesse an der Einfuhr und Nachahmung von Luxusgütern aus dieser Region.

Künstlerische Ausdrucksmittel

Im urbanen Kontext hing die Höhe der Pagoden unter Umständen auch mit deren Wahrnehmbarkeit in einem Stadtbild zusammen, das durch umwallte Viertel stark segmentiert war. Es gab im antiken China keine großen Plätze, kein Äquivalent zur griechischen Agora und zum römischen Forum. Damit fehlte der öffentliche Raum, der das Entstehen einer Denkmalkultur hätte begünstigen können. Überlebensgroße Herrscherporträts waren gleichermaßen unüblich wie gigantische Götterbildnisse, und erst die Einführung des Buddhismus schuf bei Plastik und Skulptur eine neue Dimension, die heute unter anderem durch die Kolossalstatuen in Dunhuang, Maijishan und Yungang repräsentiert wird.

Allerdings war zuvor auch im Lande des Religionsstifters geraume Zeit vergangen, bevor sich seine Anhänger dazu entschlossen, anthropomorphe Darstellungen in den Kult einzubeziehen. Und es dauerte noch länger, bis Werke von Rang daraus hervorgingen. Besonders einflussreich wurde dabei ein Stil, der nach seinem einstigen Zentrum in Gandhara benannt ist: einer Region, die als archäologische Einheit im Norden Pakistans (im Gebiet um Taxila und Peshawar) und im Osten Afghanistans (namentlich in Bamiyan) verortet wird.

Während die aus den buddhistischen «Kernlanden» Indiens eingeführten Inhalte der Religion weitgehend beibehalten wurden, unterlag deren ästhetische Umsetzung einer umfassenden Revision. In der vermutlich kurz nach der Zeitenwende entwickelten Kunstrichtung kamen verstärkt Elemente zum Tragen, die auf westlichen Einfluss zurückzuführen sind und Abwandlungen von späthellenistischen, parthischen und römischen Gestaltungsprinzipien dokumentieren. Bei den meist als Skulpturen überlieferten Bildnissen des Buddha zeigt sich dies insbesondere an den Proportionen, dem Faltenwurf der Kleidung und einem Profil, bei dem gewelltes Haar, offene Augen und ein deutlich konturierter Mund auffallen. Diese Komponenten wurden in den folgenden Jahrhunderten bis weit nach Osten verbreitet, wo sie insbesondere durch die Begegnung mit chinesischen Traditionen allmählich weitere Modifikationen erfuhren.

Sieht man einmal von Plastiken, Skulpturen und Reliefs ab, dann ist die religiöse Kunst im Bereich der Seidenstraße vor allem durch Wandmalereien repräsentiert, die das transzendente Reich des Buddha in einem physisch fassbaren Raum visualisieren sollten. Mehr noch als die wenigen freistehenden Klosteran-

Abb. 17: Lastkarawane bei der Überwindung eines Berges (Umzeichnung nach einer Wandmalerei in Dunhuang).

lagen vermitteln zahllose Kulthöhlen bis in die Gegenwart einen lebendigen Eindruck von antiker und mittelalterlicher Frömmigkeit. Das gilt insbesondere für die in den Randzonen von Gobi und Taklamakan gelegenen Stätten einstiger Weltentsagung; alleine in den knapp fünfhundert erhaltenen «Grotten» von Dunhuang, die 1987 von der UNESCO als Weltkulturerbe deklariert wurden, summiert sich die bemalte Fläche auf rund 45 000 Quadratmeter.

Die dort – und vor allem auch in Kizil und Turfan – anzutreffenden Darstellungen sind freilich nicht nur als Zeugnisse tiefempfundener Religiosität von Bedeutung; besonders aufschlussreich sind vor allem jene Motive, die überdies einen Einblick in das Alltagsleben gewähren und dadurch die Rekonstruktion von sozialen Bedingungen und historischen Zusammenhängen ermöglichen: und das für einen Zeitraum von insgesamt rund eintausend Jahren; denn erst die Eroberung durch die Mongolen und die Verbreitung des im Grundsatz bilderfeindlichen Islam setzten jeweils den Schlusspunkt.

Neben dem Buddha, den Bodhisattvas, Jüngern und allerlei Himmelswesen wurden von den Malern auch Porträts von Stiftern und Herrschern festgehalten. Besonders aufschlussreich sind die Konterfeis jener Personen, die das Hinscheiden des Buddha beklagen. Deren Gesichtszüge sind als Ausdruck der Trauer zuweilen ausgesprochen expressiv gestaltet; vor allem aber können die unterschiedlichen Physiognomien und Trachten einen Eindruck von der ethnischen Vielfalt an der Seidenstraße vermitteln. Die konkreten Lebensbedingungen dieser Menschen werden überdies durch das breite Spektrum profaner Bildthemen veranschaulicht; dieses reicht von der Schroffheit der Berge bis zur Undurchdringlichkeit der Wüste, von der Oasenbewirtschaftung bis zur Lastkarawane, von der Jagd bis zur Musikaufführung, von der Speisenzubereitung bis zur Körperhygiene.

Aber nicht nur buddhistische Grotten und Mönchszellen waren mit Wandmalereien ausgestattet, sondern auch manichäische und nestorianische Kultstätten. Manche Höhlen wurden gar nacheinander von unterschiedlichen Religionsgemeinschaften genutzt und ermöglichen dadurch eine relative Chronologie der verschiedenen Missionsaktivitäten.

Minarette und Miniaturen

Wie in Xinjiang wurden die Farben auch in Sogdien auf trockenen Grund aufgetragen. In Pendschikent zierten die Darstellungen allerdings nicht die Niederlassungen «weltentrückter» Mönche, sondern den Herrscherpalast, die Tempel und die Häuser wohlhabender Bürger. Religiöse Motive, von denen ein Teil dem Zoroastrismus zuzuschreiben ist, wurden indes auch im privaten Umfeld durch Format und Platzierung hervorgehoben; profane Szenen, die Festbankette, Jagdausflüge oder Kriegshandlungen thematisierten, mussten sich hingegen unterordnen.

Zwar wurden den anderen Religionen unter dem entlang der Seidenstraße expandierenden Islam nicht sofort alle Entfaltungsmöglichkeiten beschnitten, doch erregte vor allem die Wiedergabe anthropomorpher und zoomorpher Motive den Argwohn der neuen Herren im Gebiet zwischen Amudarya und Syrdarya: zum einen, weil die Anhänger des Propheten in den «Götzen» eine nicht hinnehmbare Gegenpropaganda erblickten, zum anderen, weil sie eine Doktrin umzusetzen hatten, die in zunehmendem Maße bilderfeindlich gestimmt war. Sunnitische und schiitische Rechtsgelehrte waren sich nämlich darin einig geworden, nicht nur die Darstellung von Gott, sondern auch von Menschen und Tieren mit einem Verbot zu belegen. Zumindest bei der Gestaltung von Sakralbauten wurde dieses Interdikt weitgehend eingehalten.

Das ist einer der wesentlichen Gründe, warum allmählich Kalligraphie und Ornamentik bevorzugte künstlerischeAusdrucksformen bei der Ausstattung von Moscheen, Medresen und Grabmälern wurden. Eine besondere Blüte erlebte die Architektur in Buchara und Samarkand. Dies äußerte sich unter anderem in komplizierten Ziegelmustern, denen das Wechselspiel von Licht und Schatten Lebendigkeit verlieh. Vor allem aber vermochten es großflächige Verkleidungen aus farbig glasierten Fliesen, den Blick auf die Kuppeln und Fassaden zu lenken. Wahrnehmbarkeit war denn wohl auch eines der wesentlichen Ziele Timurs (Tamerlans), der seinen Herrschaftsanspruch nicht nur durch blutige Feldzüge, sondern auch durch gigantische Bauprogramme demonstrieren wollte.

Eine persische Quelle des 15. Jahrhunderts schildert eindrucksvoll die unter der Aufsicht des Schlächters und Mäzens errichtete Moschee in Samarkand, welche den Namen von Bibi Chanum, seiner «Lieblingsfrau», erhielt. Demzufolge waren an diesem 1399 in der Hauptstadt des Reiches begonnenen Gebäude Architekten, Handwerker und Künstler «aus allen Erdteilen» beteiligt: sicherlich nicht alle freiwillig. Überdies sollen für den Transport der Steinblöcke eigens 95 Elefanten aus Indien herbeigeschafft worden sein. Das Ergebnis dieser Anstrengungen konnte sich auf alle Fälle sehen lassen:

Die Decke ruht auf einem Gebälk, das von 480 Säulen aus behauenem Stein getragen wird, [... und] der wundervolle Fußboden ist mit geschnittenen und polierten Marmorplatten ausgelegt. [...] Die Kuppel könnte wohl einzigartig sein, wenn es da nicht das Himmelszelt gäbe; beispiellos in seiner Art wäre auch der Bogen des Iwan [eines dreiseitig geschlossenen Raums mit Tonnengewölbe], wenn er nicht durch die Milchstraße übertroffen würde. Verbunden mit der farbigen Fassade erheben sich an den vier Ecken Minarette, die ihr Haupt in den Himmel erheben. [...] Die Wände des Kuppelraums sind mit Steinplatten bedeckt, in die Kalligraphie gemeißelt ist.

Trotz des Bilderverbots lebte unter Timur die Darstellung von Mensch und Tier wieder auf: in kleinem Format und auf höchstem Niveau, wie Miniaturen und Buchillustrationen zeigen, die wohl vornehmlich von Künstlern angefertigt wurden, die der Herrscher aus den von seinen Truppen eroberten Gebieten verschleppen ließ. Neben dem dominierenden persischen Einfluss schlagen sich in der Malerei auch Elemente der mongolischen Formen- und Farbensprache nieder, und manche Blätter lassen unzweifelhaft Anlehnungen an chinesische Vorbilder erkennen.

Bücher hatten bereits zuvor zu jenen Gütern gezählt, die das Prestige einer Residenz prägten. So bestand die Palastbibliothek in Buchara gegen Ende des 10. Jahrhunderts aus mehreren Räumen, in denen die jeweils in Truhen verstauten Bände untergebracht waren: nach einem System, das sich an der Klassifikation der vertretenen Gattungen und Wissensbereiche ausrichtete. Auch der Bücherbasar der Stadt soll eindrucksvoll gewesen sein. Damit war der Nährboden geschaffen, der neben der Kunst die Gelehrsamkeit gedeihen ließ.

Für seine medizinischen und philosophischen Schriften profitierte davon auch der im Jahre 980 unweit von Buchara geborene Ibn Sina, dessen Ruhm – unter dem latinisierten Namen Avicenna – bis nach Europa ausstrahlte. Ebenfalls aus einem Gebiet, das heute zu Usbekistan gehört, stammte dessen Zeitgenosse al-Biruni. Sein wissenschaftliches Spektrum reichte von der Astronomie bis zur Mineralienkunde; überdies ist ihm die für jene Zeit maßgebliche «Beschreibung Indiens» zu verdanken. Die nachhaltigste Wirkung auf die Begriffswelt des Abendlands erzielte aber wohl Mohammed ibn Musa al-Chwarezmi, ein unweit des Amudarya gebürtiger Mathematiker, von dessen Name sich der «Algorithmus» ableitet. Zudem war es der Titelanfang eines seiner Bücher, welcher zur Benennung eines riesigen Teilgebiets seiner Disziplin abgewandelt wurde: der Algebra.

Papier und Drucktechnik

Für die Verbreitung einer religiösen Doktrin und den Austausch wissenschaftlicher Erkenntnisse sind exakte Formulierungen und präzise Darstellungen geradezu unerlässlich. Daher muss von deren schriftlicher Fixierung auf einem ebenso haltbaren wie preisgünstigen Medium eine enorme Schubwirkung ausgegangen sein. In China verwendete man hierfür bis zur Han-Zeit Bambusstreifen und Seide. Das eine Material erwies sich jedoch bei der Speicherung größerer Informationsmengen als umständlich, das andere war schlichtweg zu teuer.

Die Historiographie will, dass der als Direktor der kaiserlichen Werkstätten amtierende Eunuch Cai Lun im Jahre 105 n. Chr. erstmals ein Verfahren zur Papiererzeugung präsentierte. Die auf dieses Ereignis Bezug nehmende exakte Datierung der Erfindung ist indes nicht richtig. Vermutlich wurde damals bei

Hofe lediglich eine ausgeklügeltere Herstellungsmethode vorgestellt; denn aus Pflanzenfasern – insbesondere Hanf – produziertes Papier ist durch archäologische Funde schon aus vorchristlicher Zeit belegt. Immerhin ist es aber wohl nicht zuletzt der Experimentierfreude und der Umtriebigkeit Cai Luns zu verdanken, dass das Material sich ab dem 2. Jahrhundert n. Chr. wachsender Beliebtheit erfreute.

Danach wurde das Verfahren im Grunde nur noch geringfügig verfeinert und ausdifferenziert. Neben Sorten, bei denen der Brei, aus dem die Bögen lagenweise geschöpft wurden, im Wesentlichen aus den Fasern von Maulbeerbaum oder Bambus bestand, gab es auch Mischungen, denen zerkleinerte Stoffreste beigemengt waren. So verfügte man über einen Schriftträger, der nicht nur leicht, haltbar, saugfähig und preiswert war, sondern der sich überdies problemlos rollen, falten und zuschneiden ließ.

Vermutlich gegen Ende des 7. Jahrhunderts gelangte die Kenntnis der Papierherstellung nach Indien und wenig später nach Zentralasien. Der Überlieferung zufolge wurde das entsprechende Know-how durch Handwerker vermittelt, die arabische Truppen nach dem Sieg gegen ein chinesisches Heer im Jahre 751 als Kriegsgefangene nach Samarkand verschleppt hatten. Nach heutigem Kenntnisstand muss die Datierung wohl eher ein wenig zurückverlegt werden. Fest steht hingegen, dass sich die Technik rasch im gesamten islamischen Machtbereich verbreitete und das christliche Süd- und Mitteleuropa von dort aus erst mit deutlicher Verzögerung erreichte.

Möglicherweise war keine Errungenschaft, die im Verlauf der Geschichte aus China in den Westen gelangte, so wirkmächtig wie das Papier. Allerdings steht ihr eine andere Erfindung, die sich ebenfalls in der Verbesserung der Kommunikation niederschlug, kaum nach: die Drucktechnik. Zwar konnten bereits lange zuvor Texte und Bilder mit Hilfe von Steinabreibung und Stempelauftrag reproduziert werden, doch erzielte man größere Auflagen erst durch den Einsatz von Holzstöcken, in die die Vorlage als seitenverkehrtes Relief eingeschnitten war. Wurden mit Hilfe von Druckplatten ab dem 7. Jahrhundert vor allem religiöse Schriften, Kalender und Flugblätter vervielfältigt, traten in der Folgezeit philosophische Erörterungen und Enzyklopädien hinzu sowie – ab dem 11. Jahrhundert – ein völlig neues, aber bald in großer Stückzahl benötigtes Produkt: der Geldschein.

Nur wenig später kam die Verwendung beweglicher Lettern auf, die zunächst aus Keramik, dann aus Holz und schließlich aus Kupfer gefertigt wurden. Zu einer vollständigen Ablösung des Blockdrucks kam es dadurch jedoch nicht. Dies lag in erster Linie an den Besonderheiten der chinesischen Schrift, die es – anders als arabische oder lateinische Alphabete – erforderlich gemacht hätte, stets ein riesiges Sortiment von Typen mit mehreren tausend unterschiedlichen Zeichen bereitzuhalten. Nach Westen wurde die Drucktechnik erst unter der Mongolenherrschaft vermittelt. Zumindest für den islamischen Raum ist dies unumstritten. Im Hinblick auf Europa wird hingegen eine eigenständige Entwicklung nicht ausgeschlossen, auch wenn die zeitliche Abfolge dies nicht sehr wahrscheinlich macht.

Wissenstransfer

Welchen Fortschritt die Drucklegung gegenüber der handschriftlichen Kopie dargestellt haben muss, lässt eine arabische Quelle des 10. Jahrhunderts erahnen. In ihr wird ein Erlebnis des 925 verstorbenen Mohammed ibn Zakariya al-Razi (lat. Rhazes) geschildert, eines Arztes, dessen Werk teilweise ins Lateinische übersetzt und dadurch auch im Abendland beachtet wurde. Er wird mit folgenden Worten zitiert:

Ein chinesischer Gelehrter besuchte mich in meinem Haus. Er blieb rund ein Jahr in der Stadt [Bagdad] und erlangte innerhalb von fünf Monaten ein hohes Niveau im Gebrauch der arabischen Sprache und Schrift. Etwa einen Monat vor der Rückkehr in sein Land sagte er zu mir: «Ich werde demnächst aufbrechen, wäre aber dankbar, wenn mir zuvor jemand die 16 Bücher Galens [des bedeutendsten Mediziners der Spätantike] diktieren könnte.» Auf meinen Einwand, dass sich in dieser kurzen Zeitspanne bestenfalls ein kleiner Teil kopieren ließe, entgegnete er:

«Ich bitte Sie, die gesamte bis zu meinem Weggang verbleibende Zeit für das Diktieren [des Textes] zu reservieren. Sie werden dabei sehen, dass meine Niederschrift schneller ist als Ihre Lesegeschwindigkeit.» So trug ich ihm [das Werk] Galens zusammen mit einem Schüler so rasch wie möglich vor. Indes, er war [in der Tat] noch flinker. Da wir an der Korrektheit seiner Aufzeichnungen zweifelten, verglichen wir die [Inhalte] und stellten dabei fest, dass alles richtig war.

Ob damals tatsächlich eine chinesische Fassung der erst einige Jahrzehnte zuvor aus dem Griechischen ins Arabische übersetzten Schriften des Claudius Galenus erstellt wurde, ist durchaus fraglich. Aufschlussreich ist aber alleine schon der Umstand, dass die Schreibgeschwindigkeit des Fremden offenkundig größere Verblüffung hervorrief als dessen wissenschaftliche Neugier. Ansonsten fehlen Hinweise, die eine Verifizierung oder Falsifizierung des Berichts ermöglichen könnten. Deutliche Spuren hinterließ die medizinische Systematik, die Galen im 2. Jahrhundert n. Chr. entwickelt hatte, im Reich der Mitte zumindest nicht.

Auf anderen Gebieten lassen sich Ursprung und Vermittlung indes eindeutig rekonstruieren, zuweilen auch relativ exakt datieren. Das gilt beispielsweise für den Kompass. Allerdings wurde die richtungweisende Eigenschaft des Magneteisensteins, die in China bereits seit vorchristlicher Zeit bekannt war, zunächst wohl nur von Geomanten genutzt, um geeignete Plätze für die Anlage von Gräbern zu bestimmen. Erst im 11. Jahrhundert ist mit einiger Sicherheit die Verwendung eines davon abgeleiteten Instruments zur Orientierung auf See anzusetzen. Zumindest erregte sie in einer auf das frühe 12. Jahrhundert zurückgehenden Beschreibung, die sich auf die Region um Kanton bezieht, keinerlei Aufsehen mehr:

Mit den küstennahen Gewässern sind die Lotsen vertraut. Bei Nacht orientieren sie sich an den Sternen, bei Tag an der Sonne. Bei schlechtem Wetter behelfen sie sich jedoch mit der südweisenden Nadel. Außerdem verwenden sie noch ein rund dreißig Meter langes Schlepptau mit einem Haken am Ende; denn [auch] durch das Aussehen und den Geruch der Proben, die da-

mit dem Meeresgrund entnommen werden, können die Lotsen die Position bestimmen.

Für die Navigation wurde damals wahrscheinlich bereits eine durch das Thermoremanenzverfahren magnetisierte Metallnadel eingesetzt, die – durch Kork oder Holz an der Oberfläche gehalten – auf einer Flüssigkeit schwamm. Von China aus gelangte der Kompass im Verlauf des 12. und 13. Jahrhunderts in die arabisch-persische Welt und in das Abendland. In Europa wurde die Erfindung freilich rasch weiterentwickelt, und mit der Kombination von Magnetnadel und Windrose entstand die Bussole: ein Trockenkompass, der schließlich durch die westlichen Seemächte in der Gegenrichtung verbreitet wurde und um die Mitte des 16. Jahrhunderts im Reich der Mitte auftauchte.

Bei einigen Neuerungen des Schiffbaus dauerte es lange, bis sich die Europäer zur Übernahme entschlossen. Das gilt insbesondere für Steuerruder und Schotten. So sollte rund ein Jahrtausend vergehen, bevor sich im Abendland – etwa zeitgleich mit dem Kompass – eine Technologie durchsetzen konnte, die in der Funktion etwa jener entsprach, die in Kanton durch Schiffsmodelle mit axialem Heckruder bereits in der Han-Zeit verbürgt ist.

Erst im 18. Jahrhundert kam in Europa die Unterteilung des Rumpfs durch mehrere abgedichtete Schotten auf: quer zur Kiellinie verlaufende Trennwände, die dafür sorgten, dass ein Schiff auch im Falle eines Lecks schwimmfähig blieb. Den Anfang damit machte die britische Marine, die damit die Anregung eines Ingenieurs aufnahm, der diese Konstruktion auf einer ausgedehnten China-Reise kennengelernt hatte. Ein weiterer Faktor der Risikominderung war die durch den Einbau kräftiger Spanten bewirkte Zunahme der Stabilität, die überdies die Aufstellung mehrerer Masten begünstigte.

Die chinesische Alchemie verfolgte vor allem zwei eng miteinander verknüpfte Ziele: die Verlängerung des Lebens und die Erlangung von Unsterblichkeit. Für das Erreichen des letztgenannten Ziels gibt es – wenig überraschend – keinen authentischen Beleg. Zudem ist anzunehmen, dass die Einnahme von Elixieren, bei denen Quecksilber und Schwefel wichtige Bestandteile bildeten, oft genug einen vorzeitigen Tod zur Folge hatte. Es mag bei einem dieser Drogenexperimente passiert sein, dass durch eine Verbindung von Schwefel, Salpeter und Holzkohle im 9. Jahrhundert das Schießpulver entdeckt wurde.

Relativ rasch gelangte die Substanz dann auch zum militärischen Einsatz. Nachdem sie zunächst lediglich als Zünder bei Flammenwerfern verwendet wurde, erfolgte ab der Song-Dynastie die Entwicklung von Bomben, Minen, Granaten und Raketen. Die Sprengkörper, die mit Hilfe von Katapulten in die feindlichen Reihen geschleudert wurden, hatten – wie ein Traktat aus der Mitte des 11. Jahrhunderts zeigt – furchteinflößende Namen wie «Eisenschnabelfeuersperber» oder «Giftrauchball».

Die verheerenden Schäden, die das zuletzt genannte Geschoss auslöste, beruhten indes weniger auf einer gewaltigen Detonation denn auf der Wirkung der Ingredienzien, die bei der Explosion freigesetzt wurden. Für die Herstellung dieses Prototyps der chemischen Kriegsführung benötigte man jeweils: 30 Unzen Salpeter, 15 Unzen Schwefel, 5 Unzen Holzkohle, 5 Unzen getrockneten Eisenhut, 5 Unzen pulverisierte Krotonölbohnen, 5 Unzen Pflanzenöl, $2\tfrac{1}{2}$ Unzen Wolfsmilch, $2\tfrac{1}{2}$ Unzen Pech, 2 Unzen Arsenoxid, 1 Unze Bambusfasern und 1 Unze Bienenwachs.

Die Erfindung von Schusswaffen geht auf das 12. Jahrhundert zurück, als mit Pulver und Projektilen gefüllte Bambusrohre aufkamen, die man «feuerspeiende Lanzen» nannte, und Eisenkanonen, die bei der Zündung einen «himmelerschütternden Donner» auslösten. Damals müssen auch die Mongolen mit den Errungenschaften chinesischer Geschütztechnik konfrontiert worden sein, und vermutlich ist ihnen – zusammen mit den Arabern – die Weitervermittlung des Schießpulvers zuzuschreiben. In Europa wurden die darauf aufbauenden Kenntnisse indes zügig weiterentwickelt, so dass die dort konstruierten Kanonen den Vorbildern aus dem Reich der Mitte bald überlegen waren. So kam es, dass die umfassend gebildeten Jesuiten im 17. Jahrhundert nicht zuletzt deshalb am Hofe der aufeinanderfolgenden Dynastien Ming und Qing aufgenommen wurden, weil man durch sie den neuesten Stand von Waffenbau und Ballistik in Erfahrung bringen wollte.

Profite und Visionen
Eine Schlussbemerkung zur aktuellen Situation

Von 1988 bis 1997 hatte die UNESCO unter dem Titel «Seidenstraßen – Straßen des Dialogs» ein Vorhaben in ihrem Programm, das darauf abzielte, die Erforschung des Verkehrsnetzes international und interdisziplinär voranzutreiben. Dadurch sollte zunächst ein relativ weiter Kreis von Fachwissenschaftlern angesprochen werden: darunter Geomorphologen, Linguisten, Archäologen, Historiker, Soziologen, Volkswirtschaftler, Ethnologen und Religionswissenschaftler.

Ziel war es allerdings nicht, lediglich die Vergangenheit zu rekonstruieren. Vielmehr galt es auch die aktuelle Situation in den Ländern entlang der Seidenstraße zu erforschen, gegebenenfalls auch Zukunftsperspektiven zu entwickeln. Zur Veranschaulichung von Kontinuität und Vielfalt der dort angesiedelten Traditionen diente nicht zuletzt die Einbeziehung von zeitgenössischen Formen bildender und darstellender Kunst. Darüber hinaus bestand der dezidierte Wunsch, auch ein breiteres Publikum mit den aus dem Projekt hervorgegangenen Erkenntnissen in Berührung zu bringen.

Dies führte immerhin zur Gründung einiger neuer Zentren, welche unter anderem zur Koordinierung der Zentralasienstudien (in Samarkand, Usbekistan), zur Intensivierung der Nomadismusforschung (in Ulan Bator, Mongolei) und zur Erkundung des maritimen Routennetzwerks (in Fuzhou, China) beitragen sollen.

Im Hinblick auf die Kulturpolitik und die Forschungsförderung kann das Vorhaben der UNESCO durchaus als Erfolg gewertet werden. Ein implizites Ziel war aber auch die Völkerverständigung, doch wird dieser Anspruch häufig nur noch zur Legitimation ökonomischer Interessen eingesetzt.

Inzwischen verwendet mancher westliche Staatsmann oder Vorstandssprecher den Begriff «Seidenstraße» ebenfalls als Synonym für die Globalisierung. Dass es dabei nicht zuletzt um eine Erweiterung von Einflusszonen geht, lassen die Vertragsformulierungen des TRACECA *(Transport Corridor Europe Caucasus Asia)* genannten Vorhabens der Europäischen Union (1993) oder der Wortlaut des *Silk Road Strategy Act* der USA (1999) erkennen. Dem Umstand, dass die Öl- und Erdgasvorkommen in manchen Teilen Zentralasiens langfristig möglicherweise weniger Ertrag abwerfen werden als ursprünglich angenommen, wird bislang nur begrenzt Rechnung getragen.

Vor allem aber hat China sich seit dem Beginn dieses Jahrtausends zunehmend als politischer, militärischer und ökonomischer Machtfaktor in Eurasien etabliert. Zu den Begleitmaßnahmen gehörte unter anderem die Gründung der *Shanghai Cooperation Organization*, die 2001 eine bessere Zusammenarbeit beim Kampf gegen den Terror als ihr Hauptziel formulierte. Die Einhaltung der Menschenrechte steht indes nicht auf der Agenda dieser Gruppe, die im Westen besser unter dem Namen *Shanghai Six* bekannt ist und der neben China auch Russland, Usbekistan, Kasachstan, Kirgistan, und Tadschikistan angehören. Das Risiko, im Gefängnis zu landen, ist in diesen Ländern groß. Und Vorwände sind leicht zu finden. Andersdenkende werden dann kurzerhand als Staatsfeinde deklariert, Gläubige als religiöse Extremisten.

Als Xi Jinping 2012 in China an die Macht gelangte, ergriff er nach der innenpolitischen Absicherung seines Herrschaftsanspruchs relativ rasch außenpolitisch die Initiative: und zwar nicht nur durch die Intensivierung der Beziehungen zu den ehemaligen Sowjetrepubliken, sondern vor allem auch durch die massive Propagierung eines Programms, das im Grunde alle Staaten einbezog, die im Bereich der einstigen Seidenstraße lagen. Das wurde in Europa spätestens dann zum Gegenstand des öffentlichen politischen Disputs, als die volkseigene Großreederei COSCO die Anteilsmehrheit am Hafen von Piräus erwarb.

Als Namen für die Wirtschaftsoffensive wählte man in China *Yi dai yi lu*, was zumeist mit «One Belt, One Road» ins Englische übersetzt wird und ins Deutsche – weniger glücklich – mit «Ein Band, eine Straße». Gemeint ist damit im Grunde «Ein

Wirtschaftsraum, ein Verkehrsnetz», doch da eine derartige Umschreibung ebenfalls nicht schlagworttauglich ist, hat sich in den letzten Jahren der Begriff der «Neuen Seidenstraße» durchgesetzt.

Zur Finanzierung des Programms wurde schließlich eine eigene Kreditanstalt gegründet: die *Asian Infrastructure Investment Bank* (AIIB), die insgesamt über annähernd 100 Milliarden Dollar verfügen soll. Mehr als fünfzig Staaten haben sich daran beteiligt, darunter auch Deutschland mit rund 4,5 Milliarden Dollar. Allerdings gab es bei diesem Schritt nicht nur Begeisterung im Lande, sondern auch massive Kritik, die nicht ganz unberechtigt erscheint, wenn man die Liste der bislang geförderten Projekte betrachtet.

Rückhaltlos unterstützt wird das Verkehrs- und Kommunikationsnetz indes öffentlichkeitswirksam von einer politischen Splitterpartei: der *Bürgerrechtsbewegung Solidarität* (BÜSO). Auf Plakaten wirbt sie beim Bundestagswahlkampf 2017 für die «Neue Seidenstraße», die «die Zukunft Deutschlands» gewährleiste. Dabei ist man nicht ganz unbescheiden, wenn man einerseits den «Kern für die Kooperation mit der Neuen Seidenstraße» in Sachsen verortet und andererseits die verschiedenen «Verbindungen und Korridore» zu einer erdumspannenden «Weltlandbrücke» zusammenfügt.

Aber China denkt über Asien und Europa hinaus. Das gilt vor allem für Afrika, wo in vielen Ländern wertvolle Rohstoffe gewonnen werden. Wurde bis vor kurzem vor allem in Infrastrukturmaßnahmen – wie den Bau von Eisenbahnstrecken, Hafenanlagen, Staudämmen und Kanälen – investiert, liegt heute das Augenmerk auch auf der langfristigen Absicherung der ökonomischen Interessen: etwa durch die Errichtung einer Militärbasis in Dschibuti.

Dabei fühlt man sich unwillkürlich an die Vorgehensweise erinnert, die einst die europäischen Kolonialherren entwickelt hatten, um strategisch wichtige Regionen unter ihre Kontrolle zu bringen. In einigen Staaten Ost- und Südostasiens führt dies daher zu einem latenten Unbehagen, nicht zuletzt deshalb, weil China in den letzten Jahren seinen Hegemonieanspruch durch den mit martialischen Gesten verdeutlichten Anspruch auf einige Inseln im Pazifik immer wieder klar gemacht hat. Mit Ausnahme von Japan, das noch an den Bedingungen für diesen Schritt feilt, sind dennoch inzwischen alle Antagonisten dieser Territorialkonflikte, namentlich Vietnam und die Philippinen, der AIIB beigetreten.

In weiten Teilen Zentralasiens mag der Dialog auf Regierungsebene einfacher sein, nicht jedoch die Partizipation der Bevölkerung; ein beträchtlicher Teil des geplanten Routennetzes liegt schließlich in einem Gebiet, das seit dem Zusammenbruch der Sowjetunion von Politikern kontrolliert wird, die ihren Machterhalt mehrheitlich auf eine perfide Mischung aus Patronage und Nationalismus stützen. Präsidentenwahlen bringen dort nur selten eine Zustimmung von weniger als neunzig Prozent mit sich, und die Parlamente dienen mehrheitlich als Staffage.

Überdies ist im westlichen Bereich der ehemaligen Seidenstraße auch heute noch so manches «Pulverfass» aufgestellt. Man denke nur an die explosive Lage in Afghanistan, Pakistan, Syrien und dem Irak! Oder an die Terrorherrschaft des «Islamischen Staats»! Das Gefahrenpotential wird auch dadurch nicht geringer, dass die Türkei eine Allianz jener Länder anstrebt, in denen die Amtssprache eine Variante des Türkischen ist – wie etwa in Usbekistan oder Kirgistan. Zudem versuchen insbesondere Saudi-Arabien und Pakistan, die muslimischen Bevölkerungsgruppen Zentralasiens in ein sunnitisch geprägtes überregionales Netzwerk einzubinden. Vor allem China reagiert auf die Aktivitäten pantürkischer oder panislamischer Bewegungen höchst empfindlich: insbesondere in Xinjiang, wo deren Bestrebungen mit separatistischen Tendenzen einhergehen, die mit Bombenanschlägen beschleunigt werden sollen.

Die Folgen sind Massenverhaftungen, Schauprozesse und Exekutionen, wobei der Terror zuweilen wohl nur den Vorwand für hartes Durchgreifen liefert. Der Versuch, nicht nur den militanten Akt, sondern auch den Ruf nach Unabhängigkeit zu kriminalisieren, hat im Vielvölkerstaat China seine eigene Logik; denn jeder Gebietsverlust wäre nicht nur eine Schmach für die Verantwortlichen in Peking, sondern auch eine Gefährdung ihrer Legitimation: im Inneren des Landes, wo die Nation als einigendes Band wiederentdeckt wurde, nachdem andere heilbringende Zukunftsmodelle enttäuschten, aber auch im internationalen Rahmen, in dem man den Machtanspruch mit zunehmendem Selbstbewusstsein formuliert.

Entscheidend für die Zukunft der Seidenstraße wird nicht zuletzt sein, inwieweit es gelingt, die Spannungen zwischen den verschiedenen Bevölkerungsgruppen abzubauen und eine Perspektive für das politische und soziale Gefüge zu entwickeln, welches vielfach immer noch von Männern dominiert wird, die vom Krieg leben. Dazu müssen vor allem in Afghanistan neue Wirtschaftszweige erschlossen werden; denn die Kasse der *Warlords* ist gut gefüllt: vor allem durch die Erlöse aus dem Drogenhandel.

Das Geschäft mit dem Opium boomt, und solange den Bauern keine Alternative zum Bestreiten des Lebensunterhalts angeboten wird, lässt sich dies wohl kaum ändern: weder durch die gelegentliche Vernichtung von Ernten noch durch die Rhetorik, die bei den Verhandlungen mit der internationalen Gemeinschaft gepflegt wird. Tatsächlich sind die Anbauflächen, auf denen Schlafmohn kultiviert wird, seit dem Sturz der Taliban angewachsen, und man geht davon aus, dass derzeit neunzig Prozent des Weltmarkts mit afghanischem Roh-Opium versorgt werden. Für den Export der Drogen – wie für den Transport von Waffen – nutzt man vornehmlich die alten Routen der Seidenstraße. In manchen Abschnitten gleicht sie daher immer noch einem Schmugglerpfad.

Weiterführende Literatur

Eine Auswahl von Büchern in westlichen Sprachen

Asimov, Mohammad S. et al. (Hg.): History of Civilizations of Central Asia. Paris 1992–2003.

Audouin-Dubreuil, Ariane: Expedition Seidenstraße. München 2003.

Bauer, Wolfgang (Hg.): China und die Fremden: 3000 Jahre Auseinandersetzung in Krieg und Frieden. München 1980.

Baumer, Christoph: Die südliche Seidenstraße: Inseln im Sandmeer. Versunkene Kulturen der Wüste Taklamakan. Mainz 2002.

Beckwith, Christopher: Empires of the Silk Road: A History of Central Eurasia from the Bronze Age. Princeton 2009.

Biarnés, Pierre: La route de la Soie: Une histoire géopolitique. Paris 2008.

Cameron, Nigel: Barbarians and Mandarins: Thirteen Centuries of Western Travelers in China. New York, Tokyo 1970.

Dabbs, Jack A.: History of the Discovery and Exploitation of Chinese Turkestan. (Central Asiatic Studies 8) The Hague 1963.

Dillon, Michael: Xinjiang: China's Muslim Far Northwest. London, New York 2003.

Durkin-Meisterernst, Desmond et al. (Hg.): Turfan Revisited: The First Century of Research into the Arts and Cultures of the Silk Road. (Monographien zur Indischen Archäologie, Kunst und Philologie 14) Berlin 2004.

Elisseeff, Vadime (Hg.): The Silk Roads: Highways of Culture and Commerce. New York 2000.

Elverskog, Johan: Buddhism and Islam on the Silk Road. Philadelphia 2010.

Foltz, Richard C.: Religions of the Silk Road: Overland Trade and Cultural Exchange from Antiquity to the 15th Century. New York 1999.

Forêt, Philippe & Kaplony, Andreas: The Journey of Maps and Images on the Silk Road. Boston 2008.

Frankopan, Peter: Licht aus dem Osten: Eine neue Geschichte der Welt. Berlin 2016.

Fraser, Sarah E.: Performing the Visual: The Practice of Buddhist Wall Painting in China and Central Asia, 618–960. Stanford 2003.

Frye, Richard N.: The Heritage of Central Asia: From Antiquity to the Turkish Expansion. Princeton 1996.

Gabain, Annemarie von: Das Leben im Uigurischen Königreich von Qoco, 850–1250. (Veröffentlichungen der Societas Uralo-Altaica 6) Wiesbaden 1973.

Härtel, Herbert & Yaldiz, Marianne: Die Seidenstraße: Malereien und Plastiken aus buddhistischen Höhlentempeln. Berlin 1987.
Hansen, Valerie: Silk Road: Key Papers. The Pre-islamic Period. Folkestone 2010.
Hartmann, Wolf D. & Maennig, Wolfgang & Wang Run: Chinas neue Seidenstraße: Kooperation statt Isolation – Der Rollentausch im Welthandel. Frankfurt 2017.
Haussig, Wilhelm: Die Geschichte Zentralasiens und der Seidenstraße in vorislamischer Zeit. Darmstadt 1983.
– Die Geschichte Zentralasiens und der Seidenstraße in islamischer Zeit. Darmstadt 1988.
– Archäologie und Kunst der Seidenstraße. Darmstadt 1992.
Hedin, Sven: Durch Asiens Wüsten. Leipzig 1899.
Heimberg, Ursula: Gewürze, Weihrauch, Seide: Welthandel in der Antike. Waiblingen 1981.
Hirth, Friedrich & Rockhill, William W.: Chau Ju-kua: His Work on Chinese and Arab Trade in the 12th and 13th Centuries, Entitled Chu-fan-chi. St. Petersburg 1911.
Hopkirk, Peter: Die Seidenstraße: Auf der Suche nach verlorenen Schätzen in Chinesisch-Zentralasien. München 1986.
Hübner, Ulrich & Kamlah, Jens & Reinfandt, Lucian (Hg.): Die Seidenstraße: Handel und Kulturaustausch in einem eurasiatischen Wegenetz. (Asien und Afrika 3) Hamburg 2001.
Internationales Maritimes Museum Hamburg (Hg.): East Meets West: Maritime Seidenstraßen im 13. bis 17. Jahrhundert. Hamburg 2017.
Juliano, Annette L. & Lerner, Judith A. (Hg.): Monks and Merchants: Silk Road Treasures from Northwest China. New York 2002.
Kalter, Johannes & Pavaloi, Margareta (Hg.): Erben der Seidenstraße: Usbekistan. Stuttgart 1995.
Kauz, Ralph (Hg.): Aspects of the Maritime Silk Road: From the Persian Gulf to the East China Sea. Wiesbaden 2010.
Keyes, Donald D.: From Desert and Oasis: Arts of the People of Central Asia. Athen 1998.
Kieschnick, John: The Impact of Buddhism on Chinese Material Culture. Princeton 2003.
Klimkeit, Hans-Joachim: Die Begegnung von Christentum, Gnosis und Buddhismus an der Seidenstraße. Opladen 1986.
– Die Seidenstraße: Handelsweg und Kulturbrücke zwischen Morgen- und Abendland. Köln 1988.
– (Hg.): Japanische Studien zur Kunst der Seidenstraße. Köln 1988.
Knobloch, Edgar: Monuments of Central Asia: A Guide to the Archaeology, Art, and Architecture of Turkestan. London 2001.
Kuhn, Dieter (Hg.): Chinas goldenes Zeitalter: Die Tang-Dynastie (618–907 n. Chr.) und das kulturelle Erbe der Seidenstraße. Heidelberg 1993.
Kurita, Isao: Gandharan Art. Tokyo 2003.

Kuzmina, Elena E. & Mair, Victor H. (Hg.): The Prehistory of the Silk Road. Philadelphia 2008.
Lacher, Norbert: Die Neue Seidenstraße: Geopolitik und Macht. Saarbrükken 2016.
Le Coq, Albert von: Auf Hellas Spuren in Ostturkestan. Leipzig 1926.
Legge, James: A Record of Buddhistic Kingdoms Being an Account by the Chinese Monk Fa-Hien of his Travels in India and Ceylon. Oxford 1886.
Li Jian (Hg.): The Glory of the Silk Road: Art from Ancient China. Dayton 2003.
Lieu, Samuel N. C.: Manicheism in the Later Roman Empire and Medieval China: A Historical Survey. Manchester 1985.
Liu Xinru: Ancient India and Ancient China: Trade and Religious Exchanges AD 1–600. Delhi 1988.
– The Silk Road in World History. Oxford 2009.
Linduff, Katheryn (Hg.): Silk Road Exchange in China. (Sino-Platonic Papers 142) Philadelphia 2004.
Miller, Tom: China's Asian Dream. London 2017.
Münkler, Marina: Erfahrung des Fremden. Die Beschreibung Ostasiens in den Augenzeugenberichten des 13. und 14. Jahrhunderts. Berlin 2000.
Nebenzahl, Kenneth: Mapping the Silk Road and Beyond: 2000 Years of Exploring the East. Berlin 2004.
Needham, Joseph (Hg.): Science and Civilisation in China. Cambridge seit 1954.
Ning Qiang: Art, Religion, and Politics in Medieval China: The Dunhuang Cave of the Zhai Family. Hawaii 2004.
Otavsky, Karel (Hg.): Entlang der Seidenstraße: Frühmittelalterliche Kunst zwischen Persien und China in der Abegg-Stiftung. (Riggisberger Berichte 6) Riggisberg 1998.
Pegolotti, Francisco Balducci: Libro di divertimenti di paesi. Übersetzt und bearbeitet von Henry Yule & Henri Cordier in: Cathay and the Way Thither. (Bd. 3, Hakluyt Society II, 37) London 1914.
Plano Carpini, Johannes von: Historia Mongalorum. Übersetzt und erläutert von Felicitas Schmieder: Kunde von den Mongolen 1245–1247. (Fremde Kulturen in alten Berichten 4) Sigmaringen 1997.
Polo, Marco: Divisament dou monde. Übersetzt und bearbeitet von A. C. Moule & Paul Pelliot: The Description of the World. London 1938.
Pordenone, Odorich von: Relatio. Übersetzt und bearbeitet von Volker Reichert: Die Reise des seligen Odorich von Pordenone nach Indien und China. Heidelberg 1987.
Ptak, Roderich: Die maritime Seidenstraße: Küstenräume, Seefahrt und Handel in vorkolonialer Zeit. München 2007.
Ptak, Roderich & Rothermund, Dietmar (Hg.): Emporia, Commodities and Entrepreneurs in Asian Maritime Trade. (Beiträge zur Südasienforschung 141) Stuttgart 1991.

Reichert, Folker E.: Begegnungen mit China: Die Entdeckung Ostasiens im Mittelalter. (Beiträge zur Geschichte und Quellenkunde des Mittelalters 15) Sigmaringen 1992.
Rhie, Marylin Martin: Early Buddhist Art of China and Central Asia. (Handbuch der Orientalistik 12.2) Leiden 2002.
Richtsfeld, Bruno J. & Newid, Mehr-Ali & Ono, Kazuko (Hg.): Kunst des Buddhismus entlang der Seidenstraße. München 1992.
Rossabi, Morris: China and Inner Asia: From 1368 to the Present Day. London 1975.
Rubruk, Wilhelm von: Itinerarium. Übersetzt und bearbeitet von Friedrich Risch: Reise zu den Mongolen 1253–1255. Leipzig 1934.
Schafer, Edward H.: The Golden Peaches of Samarkand: A Study of T'ang Exotics. Berkeley, Los Angeles 1963.
Schmieder, Felicitas: Europa und die Fremden: Die Mongolen im Urteil des Abendlandes vom 13. bis in das 15. Jahrhundert. (Beiträge zur Geschichte und Quellenkunde des Mittelalters 16) Sigmaringen 1994.
Selbitschka, Armin: Prestigegüter entlang der Seidenstraße? (Asiatische Forschungen 154) Wiesbaden 2011.
Sievers, Eric W.: The Post-Sovjet Decline of Central Asia. London 2003.
Sinor, Denis (Hg.): The Cambridge History of Early Inner Asia. Cambridge 1990.
Stein, Aurel: Ancient Khotan. London 1907.
Steinbach, Udo & Gumppenberg, Marie-Carin von (Hg.): Zentralasien: Geschichte, Politik, Wirtschaft. Ein Lexikon. München 2004.
Tanabe, Katsumi: Silk Road Coins: The Hirayama Collection. Kamakura 1993.
Tracy, James D. (Hg.): The Rise of Merchant Empires: Long-Distance Trade in the Early Modern World. Cambridge 1990.
Tucker, Jonathan: The Silk Road: Art and History. Chicago 2002.
Wenzel, Marian: Echoes of Alexander the Great: Silk Route Portraits from Gandhara. London 2000.
Whitfield, Susan: Life along the Silk Road. Berkeley, Los Angeles 1999.
– Aurel Stein on the Silk Road. London 2004.
– (Hg.): The Silk Road: Trade, Travel, War and Faith. London 2004.
Wieczorek, Alfried (Hg.): Ursprünge der Seidenstraße: Mythos und Geschichte. Berlin 2007.
Wood, Frances: The Silk Road: Two Thousand Years in the Heart of Asia. Berkeley 2002.
Wriggin, Sally Hovey: The Silk Road Journey with Xuanzang. Boulder 2004.
Wu Dunfu: Footprints of Foreign Explorers on the Silk Road. Beijing 2005.
Zieme, Peter (Hg.): Turfanforschung. Berlin 2002.

Register

(Personennamen, Ortsnamen, ethnische Gruppen)

Zeit	Östlicher Mittelmeerraum	West- und Südasien
2. Jh. v. Chr. bis 1. Jh. n. Chr.	Ständige Auseinandersetzungen zwischen Römern und Parthern (Arsakiden-Dynastie). Unter Kaiser Augustus (30 v.–4 n. Chr.) wird Ägypten römische Provinz.	Krieg gegen Rom leitet den Niedergang der Seleukiden (312–64 v. Chr.) ein. Zwischen Amudarya und Ganges entsteht das Kushan-Reich (ca. 1.–3./4. Jh. n. Chr.)
2. Jh. 3. Jh.	Kriege Roms gegen die Arsakiden (2. Jh.) und Sassaniden (3. Jh.).	Machthöhepunkt des Kushan-Reichs; Errichtung der Sassaniden-Dynastie (224–651) in Persien.
4. Jh. 5. Jh.	Expansion der Hunnen; Völkerwanderung. Entstehung des Byzantinischen Reichs (395–1453) mit Hauptstadt Konstantinopel.	Sassaniden schließen im Westen Frieden mit Rom und erobern im Osten die Gebiete des Kushan-Reichs.
6. Jh. 7. Jh.	Einfall der Langobarden ins weströmische Italien (569). Byzanz verliert Damaskus und Jerusalem an die Sassaniden (7. Jh.).	Mit der Hidschra Mohammeds beginnt die islam. Zeitrechnung (622). Arab. Omaijaden (661–750) setzen den Sassaniden ein Ende. Vorstoß Chinas nach Transoxanien.
8. Jh. 9. Jh.	Machthöhepunkt des Byzantin. Reichs unter der sog. makedonischen Dynastie (867–956), u. a. durch Eroberung von Kreta und Zypern.	Abbasiden (750–1258) zerschlagen die Omaijaden und machen Bagdad zu ihrer Hauptstadt.
10. Jh. 11. Jh.	Territoriale Verluste des Byzantinischen Reichs an Seldschuken. 1. Kreuzzug (1096–1099).	Die schiitischen Buyiden besitzen faktische Macht im Kalifenreich (Iran/Irak). Ab dem 11. Jh. Reich der Seldschuken.
12. Jh. 13. Jh.	Die Mongolen der «Goldenen Horde» dringen bis nach Polen, Ungarn und Österreich vor (1241).	Mongolische Teilreiche der «Goldenen Horde» (Kiptschak-Khanat, 1243–1503) und der Ilkhane (1249–1411).
14. Jh. 15. Jh.	Eroberung von Konstantinopel durch die Osmanen (1453).	Timur erobert u .a. Anatolien, Georgien (1388–1391) und die Gebiete der «Goldenen Horde» (1395).
16. Jh. 17. Jh.	Die Osmanen erobern Kreta (1645–1669) und führen Kriege gegen Russland.	Safawiden (1501–1722) in Persien. Gipfel der Macht unter Schah Abbas (1588–1629).
18. Jh. 19. Jh.	Gebietsverluste der Osmanen an Habsburger (1718) und Niederlagen gegen Russland (1768–1774).	Peter der Große zerschlägt die Safawiden (1722) und gewinnt dadurch große Gebiete am Kaspischen Meer; Kaukasusprovinzen an Russland, Konzessionen an Großbritannien.
20. Jh.	Zerschlagung des Osmanischen Reichs; Gründung der Republik Türkei (1923) und zahlreicher neuer Staaten.	Konstitutionelle Monarchie (1921) und Islamische Republik (1979) in Iran. Sowjetunion (1917–1991).

Zeit	Zentralasien	Ostasien
2. Jh. v. Chr. bis 1. Jh. n. Chr.	Chinesische Expansion nach Westen, Eroberung des Tarim-Beckens (56 v. Chr.). Erweiterung der Großen Mauer. Ständige Konflikte zwischen Xiongnu und Han-China um die Vorherrschaft in Zentralasien.	Westliche Han-Dynastie (206 v. Chr.– 9 n.Chr.) in China. Offensive Politik unter Kaiser Wu (141– 87 v. Chr.). Interregnum des Wang Mang (9–23 n. Chr.), Östliche Han-Dynastie (23–220 n. Chr.).
2. Jh. 3. Jh.	Chin. Erfolge gegen die Xiongnu, zeitweilige Vorherrschaft im Tarimbecken.	Zerfall in drei Reiche: im Norden Wei-Dynastie (220-265); kurzzeitige Einigung unter der Westlichen Jin-Dynastie (265–316).
4. Jh. 5. Jh.	Gründung von Gaochang (439).	Teilung Chinas in die sog. Südlichen und Nördlichen Dynastien (420–589). Kontrolle Nordchinas durch die Toba.
6. Jh. 7. Jh.	Ost-Türken im Orchon-Tal, die West-Türken im Altai. Offensiven der Tang zur Sicherung der zentralasiatischen Handelswege.	Reichseinigung durch die Sui-Dynastie (581–617). Tang-Dynastie (618–907).
8. Jh. 9. Jh.	Sieg der arab. Abbasiden gegen die Tang am Talas im heutigen Kasachstan (751). Gründung von Kocho (840) durch Uiguren.	Die Hauptstadt des Tang-Reichs Chang'an ist ein kosmopolitisches Zentrum mit angeblich mehr als 1 Mio. Einwohnern.
10. Jh. 11. Jh.	Tanguten setzen sich im Nordwesten Chinas fest und rufen die Dynastie Xixia (1038–1227) aus.	Fünf Dynastien (908–959); Nördliche Song-Dynastie (960–1126). Ab dem 11. Jh. Bedrohung durch Kitan (Liao-Dynastie, 937–1125) und Tanguten.
12. Jh. 13. Jh.	Dschingis Khan errichtet das «Mongolische Weltreich». Nach seinem Tod (1227) vier Teilreiche (Khanate), darunter das Tschagatai-Khanat in Zentralasien.	Expansion der Dschurdschen (Jin-Dynastie, 1115–1234). Südl. Song-Dynastie (1127-1279). Entstehung der Yuan-Dynastie (1280–1367) aus dem östlichsten mongolischen Khanat.
14. Jh. 15. Jh.	Timur erobert u. a. Kashgar. Sein Reich grenzt im W an den Bosporus, im S an Indien. Am Orchon steigen kurzzeitig die Oiraten auf.	Chinesische Rückeroberung; Ming-Dynastie (1368–1644). See-Expeditionen des Zheng He (1405 – 1433) führen bis nach Ostafrika.
16. Jh. 17. Jh.	Kampf um die Vorherrschaft im östlichen Zentralasien. Dsungaren besetzen das Tarim-Becken (1678–1679).	Qing-Dynastie (1644-1911) der Mandschuren. Diplomatische Beziehungen zu Russland (Ende 17. Jh.).
18. Jh. 19. Jh.	Eroberung des Tarim-Beckens durch die Qing. Endgültige Einverleibung in das Reich als «Neue Territorien» (Xinjiang).	Größte Reichsausdehnung Chinas in der Geschichte (18. Jh.). Konfrontation mit den westlichen Kolonialmächten; Niederlagen der Qing in den beiden Opiumkriegen (19. Jh.).
20. Jh.	Autonomieerklärungen der Staaten Usbekistan, Kasachstan, Kirgistan und Tadschikistan nach dem Zerfall der Sowjetunion (1991).	Sturz der Qing-Dynastie und Ausrufung der Republik (1911); Gründung der Volksrepublik China (1949).

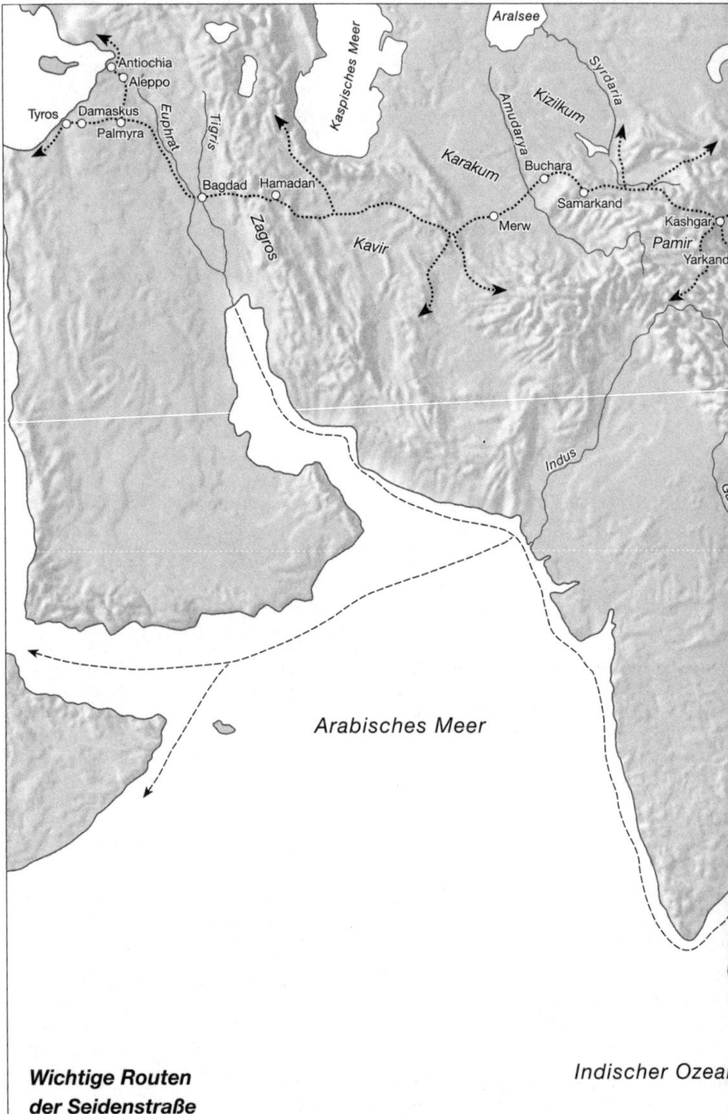

Wichtige Routen der Seidenstraße